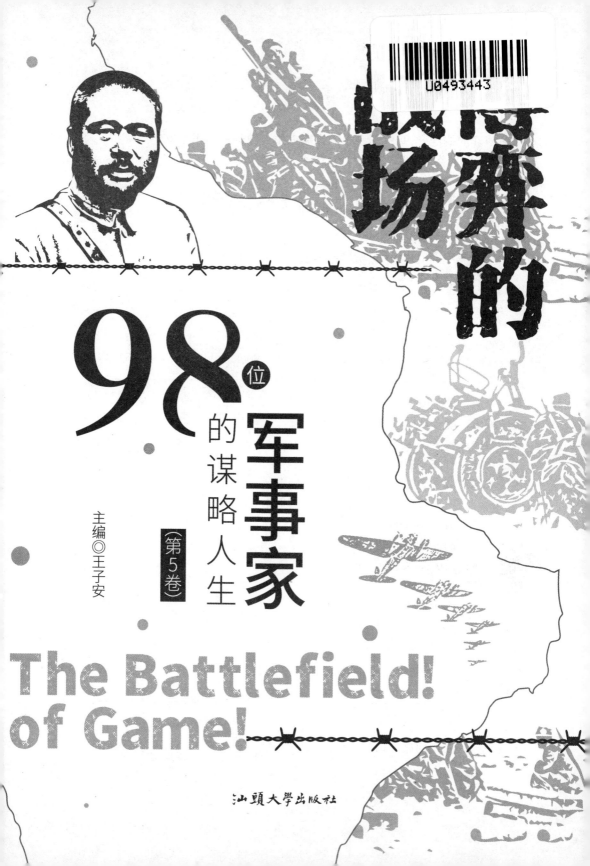

98位

位

的谋略人生

军事家

（第5卷）

主编◎王子安

The Battlefield!
of Game!

汕頭大學出版社

图书在版编目（ＣＩＰ）数据

博弈的战场 ：98位军事家的谋略人生. 第5卷 / 王子安
主编. —— 汕头 ：汕头大学出版社，2012.5（2024.1重印）
ISBN 978-7-5658-0745-9

Ⅰ．①博… Ⅱ．①王… Ⅲ．①军事家－生平事迹－世
界－青年读物②军事家－生平事迹－世界－少年读物
Ⅳ．①K815.2-49

中国版本图书馆CIP数据核字(2012)第081245号

博弈的战场 ：98位军事家的谋略人生. 第5卷
BOYI DE ZHANCHANG ：98WEI JUNSHIJIA DE MOULÜE RENSHENG. DI5JUAN

主　　编：王子安
责任编辑：胡开祥
责任技编：黄东生
封面设计：君阅书装
出版发行：汕头大学出版社
　　　　　广东省汕头市汕头大学内　邮编：515063
电　　话：0754-82904613
印　　刷：河北浩润印刷有限公司
开　　本：710 mm×1000 mm　1/16
印　　张：12
字　　数：80千字
版　　次：2012年5月第1版
印　　次：2024年1月第2次印刷
定　　价：55.00元
ISBN 978-7-5658-0745-9

前　言

　　自古以来，中华民族即具有以"圣人立言、家祖立训"的方式来育子、治家的传统。我们的祖先通过编写包含历代圣哲贤人的经典话语与为人处世的故事，家族祖辈的家法家规与训子语录，从而在"父教子、子教孙"的世代教授、相予中，而着力培养子孙后代的德行品质，在"成事先成人、立业先立德"的道德标榜中，塑造着家族的精神与形象。在中国古代，诸如《大学》、《论语》、《四书》、《五经》、《女儿经》、《弟子规》等等，无一例外的都是一种个人道德修养的必修读物。古人期望通过这些华夏民族经典古籍中所记录的有关圣贤们的言行故事，而从中悟出做人的道理，进而使家族的精神、道德得以世代继承，而保持家族的荣光，或永恒昌富，或由贫而贵。在古代，家如此，国亦如此，无论是公立私塾还是皇家太学，对于古代贤者精英的言行道德学习与模仿，始终是王朝教育的一项重要内容。

　　历史发展到今日中国，我们的民族已经进入"崇尚发展个人的价值，崇尚民族的整体精神，复兴中华民族悠久历史文化"的时期，一股股国学浪潮正在蓬勃发展。崇文诵典，重新重视"圣人言""圣人书"，已逐步得到推广与民众的认可。尤其是对于今日那些身处大众媒体高度发达、信息资源极端丰富背景下的中国青少年来说，他们一方面由于信息的灵便而可以享受到资讯时代的便捷，另一方面也不可避免地会遭遇到成长时的迷茫。对于青少年成长中的"成长迷茫"，是可以通过讲述古人的人生故事、才智故事与人生态度，而给予他们以有益的帮助的，因为"榜样的力量是无穷的"。

　　《博弈的战场——98位军事家的谋略人生》共分五卷，按照"生平简介、童年岁月、教育历程、人生故事、婚姻爱情、人生理念"的结构,详细介绍了98位古今中外著名军事家的点点滴滴。书中精心选取了中国的孙武、曹操、韩信以及西方的亚历山大、拿破仑、恺撒、庞培等98位著名的军事人物,在叙述这些军事人物时,做到了尽量将人物在当时生活环境中所富有的军事天赋一一展现在读者面前,并将它们在军事追求上的坚定信念、务实精神、执着工作均给予呈现,从而使读者体会到他们坚持理想、强烈求知、意志坚强、迎接挑战与勇于创新的人生品质。因此具有很强的知识性、可读性、趣味性,是读者必选的课外读物之一。

当然,在具体到某些个别人物时,由于资料的缺陷而造成编写时并未严格按照"生平简介、童年岁月、教育历程、人生故事、婚姻爱情、人生理念、选文欣赏"的结构去编写,一些人物在文献中的资料缺乏,可能造成讲述该人物时,会显得资料单薄。另外,由于编者水平与时间的有限、仓促,使得此书难免会存在一些不足之处,敬请广大青少年读者予以见谅,并给予批评。希望此书能够成为广大青少年读者成长的良师益友,并使青少年读者的思想得到一定程度上的升华。

2012 年 5 月

目 录

◎ 萧 华

萧华

萧华（1916—1985年），中国人民解放军高级将领，我军卓越的政治工作者，江西兴国人。1928年，萧华加入中国共产主义青年团，1930年参加中国工农红军，同年转入中国共产党。土地革命战争时期，萧华历任共青团兴国县委书记、红四军军委青年委员、第十师三十团政治委员、红一军团政治部青年部部长、红军总政治部青年部部长、少共国际师政治委员、红一军团政治部组织部部长、红一军团第二师政治委员。

抗日战争时期，萧华历任八路军一一五师政治部副主任、三四三旅政治委员、八路军东进抗日挺进纵队司令员兼政治委员、鲁西军区政治委员、一一五师政治部主任兼山东军区政治部主任。解放战争时期，萧华先后任辽东军区司令员兼政治委员、中共辽东省委书记、南满军区副司令员兼副政治委员、东北野战军第一兵团政治委员、第四野战军特种兵司

令员。

中华人民共和国成立后，萧华历任中国人民解放军空军政治委员，总政治部副主任，总政治部干部部副部长、部长，中国人民解放军总政治部主任，中共中央军委副秘书长，军事科学院第二政治委员，兰州军区第一政治委员。1955 年，萧华被授予上将军衔。他是第三届国防委员会委员，中国人民政治协商会议第六届全国委员会副主席。中国共产党第八、十一、十二届中央委员。

儒将萧华将军

萧华自幼博闻强记，语言天赋极佳。6 岁上萧氏宗族小学，朗朗上口的《三字经》《百家姓》是他的启蒙读物，但他最喜欢的功课是唐诗，还会踏风琴、吹洋号、爱唱歌、擅长演讲。唱起歌来，嗓音嘹亮，很有感染力；他开口演讲，声情并茂，慷慨激昂，让每一个听众都热血沸腾。萧华的少年时代，正是大革命风起云涌的时期。兴国有较好的革命基础，萧华就读的小学，校长萧以儒、教员萧藻全等都是地下党员，他们开设党义课和总理纪念周，给学生讲军阀和列强给中国带来的危害。萧华读到高小，学校还发了"共产主义 ABC"等小册子，供进步同学阅读。早期的马列主义启蒙教育，启发了少年萧华的思想觉悟。

萧华 11 岁时，在作文里写道："人生最大的恨事，是看到祖国内忧外患，人民流离失所而不能担起匹夫救国之则；人生最快意的事情，莫过于看到可爱的祖国富饶秀丽，人民安居乐业，食足衣丰。'国家兴亡，匹夫有责'。多少民族的英灵曾为国家的兴盛以身报国，血沃中华。将来的我要以这些英烈为师，献身革命，为天下劳苦大众的新生活奋斗一生。"

1926年9月，北伐军攻克南昌、赣州，又直下兴国。携北伐胜利之威，兴国人民的革命斗争迅猛发展，萧华全家都参加了工会、农会，父辈们还担任干部，萧华本人参加了青年干部培训班。"四·一二"反革命政变之后，兴国不少早期党团员退出了组织，萧华的家却成了地下党的秘密交通站。萧华担当小交通员，送信送文件，无数次躲过反动派的追捕，顺利地完成了任务，被大人称为"机灵的小鸽子"。

一次，萧华给兴国山区一个叫段凤起的帮会头子送信，段有二百多人的武装，见到来送信的居然是个十一二岁的"崽"，就问他："从县城到这里路好远，遇到靖卫团要杀头的！"萧华头一扬："只要信不丢，要杀要剐由他！"段又问："你小小年纪，为何不怕死？"萧华答："为世代受苦的百姓讨个公道，死而无憾！"段凤起闻听，半晌才说："这崽日后出息不会小！"

1928年，萧华考入兴国县立平川中学。同年底，经萧传芳老师介绍，12岁的萧华加入了中国共产主义青年团，当时党团组织生活没有严格分开，萧华被编入党支部参加组织生活。反动派在背后咬着牙骂他为"赤崽"。1928年底，12岁的萧华参加了兴国暴动，第一次经历了战斗的洗礼。1929年2月，中共兴国党组织又领导了第二次暴动，占领了兴国县城。1929年4月，毛泽东率红四军第三纵队开进兴国县城。次日，毛泽东在5000人大会上演讲，萧华个子小，挤到了最前边。毛泽东的演讲，不但语言风趣，手势姿态也引人入胜，给萧华留下极深的印象。

毛泽东在兴国亲自起草了《土地法》，并主持举办了前后四十多人参

加的"土地革命训练班",13岁的萧华,成为这个班里最小的学员。1929年底,兴国筹建县团委,红4军政工干部胡炳田任第一任县团委书记,萧华任组织委员。不久,萧华继任县团委书记,此时他只有13岁。1930年3月中旬,毛泽东率红4军第二次来到兴国。他得知萧华的工作成绩后,特派警卫员请萧华到自己住处叙谈。毛泽东向萧华了解兴国共青团的情况,萧华口齿伶俐,情况熟悉,越说越放松。讲完之后,毛泽东连声说好,并指示说,今后共青团的工作还是要参加打土豪,分田地,参军参战。毛泽东还指着书架上的《史册》《翰墨》《简帛》《国粹》《秀挹词藻》等书籍对萧华说,宣传、教育、读书、学习都是共青团要抓好的工作。

此后,毛泽东又两次来到兴国,先后找萧华单独谈话6次。1930年6月,毛泽东亲自将萧华调入红四军。萧华在未去红四军报到时,住在前敌委员会。毛泽东稍有闲暇,就给他介绍革命形势和红军情况,着意培养他。萧华后来成为共和国最年轻的开国上将,也充分说明毛泽东对萧华是满意的、是重用的。

1930年6月,萧华被调入刚组建的红一军团红四军任青年政治委员。在距南昌百公里的樟树镇,萧华第一次见到了罗荣桓。比萧华年长12岁的罗荣桓当时任红四军政治委员,给萧华留下了良师和兄长的印象。罗荣桓特意说明他在兴国县团委书记的位置上干得不错,毛委员要调他到红四军工作。

萧华开始了在红四军建立青年团组织的工作。白天行军打仗,只能在休息间隙时开会,晚上打着松明把子去一个个连队调研。虽是领导干部,但萧华毕竟只有14岁,不久就累得眼窝下陷,全身消瘦,罗荣桓见了十分心疼。不久部队打下文家市,缴获了一头大骡子,罗荣桓命人送给萧华,并叫马夫教他骑。在罗政委的亲切支持关怀下,在不间断的行军打仗中,萧华仅用了一个多月的时间，就把红四军中的团组织普遍建立起来了。

就在此时，萧华突然被当作"AB"团逮捕关押，受到保卫部的严格审讯。原来，当时红二十军大多是兴国人，而"AB"团又大都处于红二十军中，所以所有的兴国籍军人郁成了怀疑对象。萧华被关押数天，要被枪决时，罗荣桓赶回了部队。他得知情况后立即大喊："刀下留人！"并驳斥道："萧华是毛委员派到红四军来的，怎么成了'AB'团呢？马上放人！"

萧华的第一次战地动员，让罗荣桓非常欣赏，激动不已。那是一次遭遇战，敌人居高临下占据有利地形，炮火极猛烈。战斗开始不久，我军前沿阵地便有所松动。此时只见萧华飞步跃上一个土坡，高声喊道："同志们，我们绝不能后退一寸，我们的身后就是苏区的大门，就是我们的父老乡亲。我们穿着他们做的拥军鞋，吃着他们送的拥军米，就是要把敌人打回去！"寥寥数语，激发了战士们保卫根据地的决心。一百多名青年战士怒吼着涌出掩体，旋风般扑向敌人。刚刚还张牙舞爪的敌人，此刻潮水般退了下去。

个人音乐作品

（1）《长征组歌》

肖华参加长征时才十八岁，过草地时任红一方面军第二师政委；1964年9月任总政治部主任。1964年4月，肖华同志患肝炎到杭州疗养。他忆

起那些在艰苦卓绝的长征路上倒下去的战友，经常夜不能寐，往往夜里从床上爬起来奋笔疾书，写诗作词，激情和泪水湿透了纸背。

为了创作《长征组歌》，肖华同志在杭州西湖水畔的一座小楼里，反复学习毛主席关于长征的论述，研读了古今中外的诗词歌赋，不知熬了多少个不眠之夜，体重减轻了好多斤。几个月后终于写出了《长征组歌》初稿，又反复征求意见，于1964年11月中旬基本定稿。1965年1至4月，战友文工团的晨耕、生茂、唐诃、遇秋四位作曲家合作完成了《长征组歌——红军不怕远征难》的谱曲。战友文工团经过两个多月的排练，于1965年"八一"建军节正式在北京上演，连演了三十多场，在社会上引起了强烈反响。1970年，"一月风暴"骤起，肖华同志被"打倒"，《长征组歌》也被诬蔑。

1967年3月3日晚上，周总理出席人民大会堂的一个六千人的大会，他慷慨而激动地说："肖华同志从红小鬼到总政治部主任，跟着毛主席几十年，他怎会反对毛主席、反对毛泽东思想呢？'毛主席用兵真如神'这一句是传神之笔嘛！《长征组歌》我都会唱，我们为什么不唱呢？……"他用《长征组歌》保护了肖华同志。

(2)《铁流之歌》

这里汇集的是一个革命老战士从心底流出的诗和歌。诗言志，歌咏言。反映革命战争的诗歌在本诗集中有重要篇幅。这些都是作者的亲身经历，所以诗的感情充沛，描写抒情，都很真切，具有较强的感染力。此外，建国以后的社会主义革命和社会主义建设是《铁流之歌》的又一个描写领域。肖华同志的诗歌奔放明快，充满激情。此外还有《怎样进行战时政治工作》《艰苦岁月》等。

萧华诗歌欣赏

（一）告　别

红旗飘，军号响。子弟兵，别故乡。

红军主力上征途，战略转移去远方。

男女老少来相送，湿泪沾衣叙情长。

乌云遮天难持久，红日永远放光芒。

革命一定要胜利，敌人终将被埋葬。

（二）突破封锁线

路迢迢，秋风凉。敌重重，军情忙。

红军夜渡于都河，固陂新田打胜仗。

佯攻汝城占宜章，跨过潇水抢湘江。

三十昼夜飞行军，突破四道封锁墙。

围追堵截奈我何，数十万敌空惆怅！

（三）进遵义

苗岭秀，溪水清，百鸟啼，报新春。

乌江天险挡不住，娄山刀坝歼敌兵。

遵义会议放光辉，全党全军齐欢庆。

万众欢呼毛主席，工农踊跃当红军。

英明领袖来掌舵，革命磅礴向前进。

（四）入云南

横断山，路难行。敌重兵，压黔境。战士双脚走天下，声东击西出奇兵。乌江天险重飞渡，兵临贵阳逼昆明。敌人弃甲丢烟枪，我军乘胜赶路程。调虎离山袭金沙，主席用兵妙如神。

（五）飞越大渡河

水湍急，山峭耸，雄关险，豺狼凶。

健儿巧渡金沙江，兄弟民族夹道迎。

安顺场畔孤舟勇，踩波踏浪歼敌人。

昼夜兼程二百四，猛打猛追夺泸定。

铁索桥上威风显，勇士万代留英名。

（六）过雪山草地

雪皑皑，野茫茫，高原寒，炊断粮。

红军都是钢铁汉，千锤百炼不怕难。

雪山低头迎远客，草毯泥毡扎营盘。

风雨侵衣骨更硬，野菜充饥志愈坚。

官兵一致同甘苦，革命理想高于天。

（七）抗战胜利二十春艰苦岁月记犹新

日本强盗伸魔爪，半壁河山被鲸吞。

城乡为墟尸遍野，国恨家仇似海深。

祸国殃民国民党，外战外行当逃兵。

延安圣地如灯塔，主席思想是南针。

持久抗战号角响，一片红旗出雁门。

黄河怒涛连天涌，大江两岸聚风云。

平型关下歼板垣，阳明堡前敌机焚。

力挽狂澜作砥柱，我军威名中外闻。

雄师挺进沦陷区，利剑万把插敌心。

创建敌后根据地，胜利之本是兵民。

减租减息政策好，军民合作鱼水亲。

送信带路递情报，献粮参军出战勤。

村村都是游击队，山山皆有主力军。

湖荡出没武工队，草原驰骋轻骑兵。

青纱帐里枪声紧，山野大摆地雷阵。

铁路公路节节断，深沟高垒化烟尘。

游击战略战术巧，四面围困侵略军。

地方武装和民兵，配合主力杀敌人。

抗日英雄千百万，气壮山河志凌云。

粉碎"扫荡"和"清剿"，铜墙铁壁谁能侵。

整风运动大开展，全党团结一条心。

自力更生搞生产，战胜困难向前进。

八年愈战愈坚强，冲破黑暗迎曙光。

苏军打败希特勒，我军反攻势难挡。

红旗高插长白山，战马痛饮鸭绿江。

九月三日鸣鞭炮，万里河山庆重光。

全民欢呼毛主席，举国歌颂共产党。

领导抗战获胜利，领导人民求解放。

今日南天烽火急，美国强盗逞凶狂。

越南人民好兄弟，同仇敌忾歼豺狼。

援越抗美怒潮起，风雷震荡太平洋。

美帝自跳火山口，找得南越好坟场。

请看二十年前事，东条覆败是榜样。

人民战争必胜利，帝国主义定灭亡。

◎ 傅作义

傅作义（1895—1974年），字宜生，山西临猗人。国民党名将，尤以擅守城著称。1918年，傅作义毕业于保定陆军军官学校，旋入阎锡山的部队担任中下级军官。1926年起，傅作义先后升任晋军第四师师长、第五军军长、第五集团军总指挥、天津警备司令、第十军军长等职。1930年他曾率部参加反蒋的中原大战，任津浦线总指挥。1931年改任三十五军军长兼绥远省主席。

1933年，傅作义率部参加长城抗战，1936年又率部进行绥远抗

傅作义

战。全国性抗日战争开始后，傅作义历任国民党第七集团军总司令，第二战区副司令长官，第八战区副司令长官，第十二战区司令长官，绥远省、察哈尔省主席等职，曾参加太原会战，收复五原战役等。抗战胜利后，代表国民党政府到热河、察哈尔、绥远等地受降，后参加反革命内战。

1948 年傅作义任华北"剿匪"总司令部总司令。平津战役开始后，因所辖部队失败惨重，遂于 1949 年 12 月下旬接受中共劝告，率部接受改编，为和平解放北平作出贡献。新中国成立后，傅作义历任全国政协副主席、国防委员会副主席、水利部部长等职。1974 年 4 月 19 日，傅作义病逝于北京。

天镇和涿州守卫战

1926 年春，奉直军阀以"讨赤"为名，联合进逼冯玉祥国民军。冯不得已，将所部交张之江统率，于 3 月 20 日赴苏考察。4 月中旬，冯部撤出北京，退往察绥，下旬，爆发了著名的"南口血战"。这时，阎锡山趁火打劫，配合奉直，进捣国民军的后方，派商震为前敌总指挥，率军赴大同，切断京绥铁路交通，袭占晋北各城，向国民军展开激烈进攻。为了确保后方安全和京绥铁路补给线的畅通，张之江急调宋哲元为西路军总司令，督率韩复榘、石友三、孙连仲各军向晋军反攻。当时傅作义任晋军第四旅第八团团长，奉命率本团防守天镇。

天镇位于大同之东，为京绥铁路中段要点。宋哲元派孙连仲率本部及方振武第四军，进攻天镇，双方展开了激烈的攻防战。由于天镇城池坚固，傅作义指挥有方，国民军多次攻城不下，不得已留一团兵力包围监视。在国民军猛攻下，除大同、天镇二城外，晋北其余各城均被国民军攻占，商震败退雁门关据守。孙连仲集中兵力再攻天镇，多次未能破城。是

年 8 月，国民军在奉、直、晋三面进攻下，战局不利，溃退绥包，历时 3 月的天镇之围始解。天镇守城战使得傅作义崭露头角，不久即升任晋军第四旅旅长和第四师师长。

1927 年，阎锡山见北伐军势盛，决定加入北伐阵线，反对奉军，于 6 月 3 日改悬青天白日旗，旋即就任国民革命军第三集团军总司令。9 月间，阎锡山与冯玉祥等商定作战区域与进军路线。9 月 29 日，阎锡山致电国民政府誓师讨奉。当时，阎锡山的军事部署是：左路军以商震为总指挥，沿京绥铁路东进；右路军由阎锡山亲自指挥，东出娘子关，沿京汉线出击，以期会师京津。另以傅作义的第四师为别动队，出奇师袭占涿州或良乡，切断京汉线，直接逼胁北京，并策应左右两路军主力作战。

傅作义率所部七千余人于 10 月 5 日由蔚县东入山，沿拒马河两岸荒僻地带，穿山越岭，隐蔽前进。10 月 11 日，傅师先遣部袁庆曾团进至涿州北门，适值奉军两部换防，城门无人把守，遂突入城内，又将据守城东南隅的奉军王以哲旅逐出城外，涿州全城为晋军攻占。涿州系古代名城，城池坚固。城墙高 12 米，上面可并行两辆大车。傅作义于 14 日晨进城后，当即绕城一周巡查，并召开全师官长会议，部署守城事宜。傅作义指出，涿州距北京、保定均仅百里之遥，似此咽喉要地，敌军誓在必夺，全师官兵必须树立长期固守之决心，以坚忍忠勇之精神，誓与敌军周旋到底。

傅作义分设卫戍、城防两司令部，分兵各司其职。占领涿州伊始，全师官兵即按照傅作义"平时多流汗，战时少流血"的指示，不分昼夜，加紧构筑各种掩蔽部、各式掩体以及战壕、侧射点等城防工事，傅作义亲自教授士兵侧射之法。城上各处大量堆积砖瓦碎石、土堆土袋，以备急时之需。为城内居民安全计，傅作义派士兵指导协助居民挖掘地窖，还命将城内粮食严加统计管理，军用民食，实施计口授粮，对武器弹药及时收贮，

严禁虚耗浪费，从而为持久守城作了必要准备。

晋军袭占涿州之后，奉军即曾几次攻城，均被晋军击退。10月15日晨，奉军发动第一次总攻。在大炮、飞机的掩护下，奉军从北、东、南三个方面蜂拥攻城，守城晋军艰苦迎战，至中午打退奉军5次冲锋。傅作义亲自登城指挥作战。他发现敌指挥部附近集结的部队松懈涣散，即命一营部队出城袭击，奉军猝不及防，仓皇溃散，他处攻城之兵受此影响亦撤退下来。奉军死伤甚众，担任攻城指挥的奉军师长黄师岳亦中弹受伤。

10月中下旬，奉军在京绥、京汉两线逐渐改变被动局面，将晋军击破，阎锡山的各主力军纷纷退回晋北和娘子关内，于是奉军全力攻打据守涿州的傅作义孤军。从10月16日至30日，奉军又发动4次总攻，兵力增至5万余人。奉军用70余门野炮轰击（有时一天发射炮弹四五千发），还几次在城根埋放炸药，均因城墙太厚，未能炸开豁口。奉军步兵或分路攀缘城墙，或架云梯攻城，均被晋军击退。其间奉军还采用坑道战术，开掘坑道多条，意图从坑道攻入城内，或从坑道将炸药运至城基下面，以炸塌城墙。傅作义一方面命士兵从高处观察城外冒白气之处，确定坑道开口方向；又命在城墙内侧挖坑埋设底部凿有小孔的水缸，日夜监听，从而侦知坑道之所在，及时破坏。

在第四次总攻中，奉军利用未被发现的一处坑道，点燃2吨炸药，将城墙炸塌一处，步兵再次乘势攻城。晋军一面以密集炮火封锁豁口，一面及时抢堵，奉军死伤多人，终未能攻入城内。由于多次强攻未下，奉军攻城总指挥万福麟受到张作霖严词责备。至11月底，张作霖采取围而不攻的策略，命令"四面严密包围，傅作义不投降，就把他们饿死在城里！"

守城日久，粮源断绝，存粮净尽，城内军民吃尽六畜鼠雀之后，连酒糟醋糟也吃光。这时，北京慈善界、涿州旅京同乡会、山西同乡会等方面

人士多次进城，进行调和斡旋，傅作义为免军民饿死，遂与奉方议和。12月30日，奉晋双方发出停战通电。1927年1月12日，傅部数千人出涿州城，改编为国防军，傅亦成为张学良的"座上宾"。傅作义以一师之众，在数万敌军围攻之下，坚守孤城近三个月之久，实为中外军事史上罕见的战例。傅作义也以涿州之战而一举成名。

太原守卫战

1937年10月，当中日两军在晋北忻口对峙之际，日军从东面攻破娘子关，沿正太路西进，战况急转直下，太原受到严重威胁，阎锡山决定放弃忻口，守卫太原。11月2日，阎锡山召开有中央军、晋绥军高级将领以及中共代表周恩来等参加的军事会议，研究太原守城事宜。守卫太原之责，本当由常驻山西、熟悉太原地势情况的晋绥军将领担任。可是这些将领既不主动请缨，阎锡山也不作此表示，只是一再征询意见，会议从早到晚作不出决定。会议后期，有些晋绥军将领说，担当这样的任务，必须具有很高的声望和才干，还需有丰富的守城经验。有的甚至说，我们这里就有守城名将，意向所指，十分明了。面对这种情况，傅作义激愤地说："弃土莫如守土光荣，太原城我守！"

阎锡山原定的战略方针是"固守太原，依城野战"，以傅作义部守城，中央军、晋绥军其他各部据守城周高地修筑工事，内外配合，在太原城下给敌以重大打击，并迟滞敌人的进攻。但从忻口退下来的中央军、晋绥军

却在敌人追击下，溃不成军，一直向南退去。这样，依城野战就变成孤城固守了。守城部队约一万五千人左右。11月4日，傅作义率军入城，对守城事宜作了部署，并召集连以上军官讲话，激励将士发扬为国家民族献身精神，英勇杀敌，完成固守太原的光荣任务。他还给荣河家中写信，嘱以身后之事，表达誓死守城的决心。

11月5日，敌铃木军团、坂垣师团及河边旅团三支部队兵临城下，6日拂晓开始攻城。日军利用城外高地，架起上百门野炮，对城内军事目标及东北两面城墙猛轰，日机数十架也对城内及城墙上的军事设施滥炸，东北角10米多高的城墙被轰塌，削为7米之高的斜城。城外几处凭借工事抗击敌人的傅军，也不得已退入城内。7日拂晓，日步兵在炮火及飞机的支援下，从城东、北两面猛攻，同时派兵迂回至城南火车站及城西汾河两岸，企图对太原形成合围之势。

在日军大炮、飞机猛烈轰击下，傅军连夜修复的东、北两面城墙豁口又被摧毁，敌步兵一次次向城墙豁口猛冲，被傅军猛烈炮火直至白刃相拼打退，战况至为惨烈。城墙斜坡和豁口处敌尸成堆，傅军伤亡亦甚严重，仅211旅419团，除团长受伤、营长伤亡2人、连长伤亡8人外，排以下的伤亡2/3以上。黄昏，敌又发动大规模攻势，一营日军从豁口处突入城内，占据城东北角之小校场炮兵营盘。傅军一面以密集炮火封锁豁口，阻敌后续部队突入；一面急调兵力围歼突入之敌。但以地势不利，终未能将敌全歼或逐出城外，只得将敌围困在营盘之内。这一天，各师、旅、团官长均在第一线亲自指挥，傅作义也到各处阵地巡视、指挥，鼓励全体将士杀敌报国。

8日早，日军再次向城东、北两面发动猛烈进攻，占据炮兵营盘之敌亦全力外冲，以配合城外进攻之日军。傅军与敌鏖战至午，伤亡过半，敌

乘势从城豁口又突入约两营步兵。二一八旅旅长董其武急率队支援，一面收复东北角城墙上的阵地，封锁豁口，一面与突入之敌展开巷战，直至黄昏。

就在太原守卫战进入极为紧张激烈阶段，三十五军副军长、太原戒严司令曾延毅与副司令马秉仁却弃职出城逃走。由于"傅""副"谐音，军中盛传："傅军长""傅司令"出城了！一时军心大乱，不少官兵也弃城出逃。周恩来副主席离开太原前与傅话别时，对傅临危请缨深为赞许，但语重心长地向傅忠告：抗日战争是长期的、持久的，不在一城一地的得失。卫立煌在撤离前也以第二战区副司令长官名义给傅留下"相机撤退"的命令。傅作义深感再这样坚守下去，有被敌包围合歼的危险，遂果断下令突围。8日晚，全军从西、南两面突围，渡过汾河，进入太原西面山地。

绥包守卫战

1945年6月，傅作义被任命为第十二战区司令长官，防区是绥远、察哈尔、热河。抗战时期，中共领导的八路军，在归绥（今呼和浩特）、包头以北的大青山地区长期、艰苦的坚持斗争。日本于8月宣布投降后，八路军即奉延安总部命令接收日本所占据的广大城乡地区。这时，傅作义亦率所部从绥西河套地区向东急进。他自恃是"正统的"受降者，除接收包头外，还命所部配合伪军将已进入归绥旧城的八路军逐出城外，还攻占了已被八路军解放的集宁、丰镇、清水河、和林、凉城、毕克齐、察素齐等

城镇以及周围广大地区。这就导致了傅作义部和中共领导的人民军队的直接冲突。10月下旬，我晋察冀、晋绥军区的部队联合向傅部展开反击。傅鉴于战线过长，恐被解放军各个击破，即迅速收缩部队，坚守归绥、包头两城。

在归绥被围期间，傅作义实施依城野战方针，将三个主力军及其他一些部队分为守城和机动两部分。守城部队在城区附近，将日伪时期构筑的城防设施加以坚固，依靠炮火之掩护，进行防御。进入11月以后，战况渐趋激烈。傅的机动部队（主要是三十五军）向城东北毫沁营子村一带发动进攻，因我军转移而落空；其后又向城北坝口子方面攻击，因遭到我军的有力阻击而溃退。我三五八旅从城西南八里庄向归城西茶坊傅军阵地发动猛烈进攻，傅作义亲临前线观察指挥。当时我军攻势甚猛，子弹纷纷落于博之左近，傅由副官掩护才撤了下来。

由于傅军阵地坚固，又有坦克配合，我军不得不退回八里庄阵地其后，傅军约两个师在装甲车掩护下向我八里庄阵地进攻，战况甚为激烈。我军顽强抵抗，将傅军击退，并击毁装甲车一辆。在城西北方面，傅军以一个团兵力强占了攸口板村，夜间，我军以优势兵力逆袭，全歼一营傅军。傅我两军在归绥城周相持丘十余天，虽有过几次激战，但规模不大，双方基本力量都没有投入战斗。

我军以归绥守城部队实力雄厚，遂分兵一路攻打兵力较为虚弱的包头。傅作义委董其武为包头防守司令，并派专机送往，还从大同和归绥空运交通警察两个大队和山炮4门，以加强包头城防力量。董其武抵包头后即召开部队长会议，部署城防事宜，并加固原有城防工事，利用寒冷天气，在城墙外部浇水，形成冰城。11月9日开始，我军每天入夜即组织攻城，重点在城东、南郊两面。五六天内，除玉皇庙、发电厂外，城东、南

郊外围据点均被我扫清。16 日以后，我军改变攻击方向，猛攻西北门一带。17 日晚，我军一小部曾攻入城内，进展至吕祖庙以北地区，傅军城防副司令王雷震亲率部队与我军展开激烈巷战。

由于突破口被傅军炮火严密封锁，我后续部队未能跟进，突入城内的我军形成孤军作战，不得不于天明后撤出城外。之后每日晚间均有战斗。21 日晚 9 时以后，我军又从东北门至西门之线发起猛攻。董其武吸取了 17 日晚战斗的教训，对这一线加强了守备力量，加固了城防工事，配有预备队作紧急支援。双方激战终夜，我军曾越过战壕，突破电网，迫近城墙，但因无重型火力支援，终未能突破城池。天明后，国民党空军前来支援，我军遂撤出战斗，其后又相持二十余日。12 月的塞外，已是冰天雪地，而我军衣着单薄，物资供应甚感困难，于 18 日向东面集宁方向撤去，归包之围遂解。

傅作义冒三个死来做这件事

傅作义最初考虑"罢战求和"的路到底是什么样的，他的亲信人物也尚难猜中，就是按照傅作义头脑中设想的"和"，要成为事实也面临很多困难和阻力。

傅作义说，争取和平解放，我是冒着三个死来做这件事的。一个是和共产党打了几年仗，不了解我的人可能要打死我；二是蒋介石和他的嫡系部队，随时都会杀害我；三是咱们内部不了解情况的人，也可能要打死我。傅作义的担心不是没有道理。国民党军统和中统的特务、中央军在北平横行，很多是他控制不了的。比如 1949 年 1 月 6 日，国防次长郑介民来北平时，34 集团军总司令李文就悄悄地给他递信，密告傅作义的行动。在国民党的高级军政人员中，固然大多数都认为和平是条生路，但也不尽然。傅作义的老上司阎锡山就是死硬分子，北平被围的同时，太原也同时被围，解放军通过邯郸起义的高树勋将军，策动国民党第 30 军军长黄樵松起义，黄接到徐向前、高树勋的信后当即决定起义。但其部下 27 师师长戴炳南告密，阎锡山诱捕黄樵松，并逮捕了接应起义的解放军第八纵队的参谋处长晋夫。1948 年 12 月 27 日，黄、晋二人在南京被杀。阎锡山在北京有自己的私人代表，耳目很多，一有风声随时会向国民党的特务组织通风报信，这些都不能不防。而傅作义的下属是否都会同意他的选择，部队能不能稳定下来，也很不确定。中央军这时的兵力已经远远超过了傅作义的部队，而且都驻守北平的关键位置，13 军还曾有反对和平的军队哗变，这都是重重难题。

1948 年 12 月 15 日，傅作义秘密召开高级干部会议，主要议题是征求部下的意见：未来的路怎么走。年轻气盛的 311 师师长孙英年出口就说："打"！傅作义问，你能打几下？孙英年想了想说：只能打一下半。傅接着问：一下半完了怎么办？孙说：不成功便成仁！傅作义反问道：我们打仗就是为了死吗！傅作义语重心长地说：北平唯一的办法是和平，军事已经不能解决中国的问题了。人家共产党公布了土地法大纲，就不应该再打仗了。我们的土地局几年也想不出个办法，就是有办法，也不能实行。这些年来我们就是给地主做了看家护院的打手，能分他们的土地吗？孙英年还不服说：那总司令一年前为什么不带我们走这条道路呢？傅作义厉声说：一年前我说今天的话，会有人掏枪打死我，也许就是你！但孙英年对和平通电很不以为然，认为是"哀鸣"，傅作义无可奈何地宣布散会。尽管傅作义的部下忠心、信任他，但统御起来仍然十分艰难。一个多月后，傅作义部下的认识才逐渐转变，他们相信傅作义多年的威望，决定跟他走和平道路。同时，傅作义把城内部队的中央军分散调开，以确保不发生兵变，并命令孙英年监视中央宪兵三团特务和城内的各项防务，力求把北平完整地交给解放军。的确，实现和平，不仅对傅作义及其部下是 180 度的大转弯，就是对共产党的干部官兵，也是 180 度的大转弯。双方多年打仗都打红了眼。和平接管后，有的战士想不通。一次邓宝珊要进城开会，战士们问他是不是反动派，邓宝珊说："是反动派，过去是，现在反不动了。"他被扣留了几个小时，陶铸来了才解围。

即便是双方军队交接完毕后，对未来命运不确定的情绪在傅作义及其部下的心中还在延续。孙英年接受改编出城后，到傅作义的住处辞行，说他要开赴新驻地杨柳青，傅作义沉默不语很长时间。最后嘱咐他听解放军的话，好自为之，不要犯错误，今后还有事业。傅作义破例把他送出门，孙英年"怀着像一个远嫁的女儿、又不知婆家是什么样的心情离开了他"，这大概是他们共同的情绪。

傅作义集武将之威、儒将之风于一身。他求知心切，常识丰富，坚持学习英语十余年。在天津任职时就与南开大学校长张伯苓、《大公报》社长张季鸾过从甚密，成为终身朋友。在北京这个著名的文化古都，他十分敬重文化教育界人士，礼贤下士，虚心求教，爱护有加。1948 年 3 月 15 日，四中教员白杰被傅部的一辆军用卡车撞伤，傅作义专程派人访问，送去慰问金，并保证承担全部医疗费用，白杰十分感动。

傅作义初来北平时，北京高等院校的校长和教授们设宴欢迎傅作义，之后，他每隔三五天就约几位教授到他的总部便宴，以"炉边谈话的方式"纵论古今，尽管他军务繁忙，但在局势十分紧张的时候也没有中断。有人形容傅作义的总部是："座上客常满，杯中酒不空，谈笑左中右，往来老中青"。傅作义在北平办的《平明日报》就有联系高级知识分子的使命。该报请很多著名教授写评论，发表时政看法，他还请教授们为自己的干部作过很多专题报告，以扩展干部的知识。

1949 年 1 月 16 日下午，在和平抉择的最后关头，傅作义发请帖请北平的学者名流到中南海聚会。当时的文化名人有徐悲鸿、朱光潜、许德珩等 20 多人。傅作义诚恳地说：局势如何？想听各位意见，以作定夺。徐悲鸿说：当前形势，战则败，和则安，这已是目前常识问题。如果说徐悲鸿等人向以"左派"示人，自然赞成中共和平主张的话，第二个发言的是生物学家胡先骕——中国现代植物学的开山泰斗，他赞成徐先生的建议，呼吁傅将军以民族大义为重，化干戈为玉帛，保护北平免遭兵灾，这让人们更感惊讶，胡是出名的保守和右倾人士，因此他的意见有助于形成北平和平解放的势头。杨人缏教授更是慷慨陈词：希望傅先生效法意大利建国三杰，流芳百世。如果傅先生顺从民意，采取和平行动，我作为一个历史学家，对此义举，一定要大书特书，列入历史篇章。可见知识阶层为着国家的前途和古都的文物，全体赞成北平的和平。

知识分子是社会的良心，特别是高级知识分子对时局的倾向对傅作义再次发生了重要影响。

由于傅作义本身就具有的为国为民的思想和行动基础，这在很大程度上与中国共产党的主张是十分相近的，所以，在傅作义周围有不少共产党员或者倾向"左派"的人士，周北峰就多次被蒋介石的特务怀疑为共产党，傅作义不得不多次证明他的政治倾向。尽管国民党是执政党，抗战胜利后，得到很多百姓的拥护，但让傅作义颇为疑惑的是共产党的吸引力。

他与部下董其武的谈话时就十分不解说：我有多少好朋友，有学识、有地位，都向共产党那里跑，这是什么道理呢？有多少青年学生也向共产党那里跑，这是什么道理？董说：人家看政府党派分歧，腐化无能，青年学生是追求进步的。

傅作义实在没有想到的是，自己最疼爱的大女儿傅冬菊，最信任的政治处长阎又文都是中共地下党员。早在1948年春，中共中央就开始着手和平解放北平的工作，在傅作义集团的周围，有来自于中共各个系统的工作人员，他的《平明日报》，先后曾有20多位中共地下党员工作过。中共为傅作义留下了充分的出路和承诺，并在关键时刻给予帮助。可见民心的向背已经成为势不可挡之势。

1948年12月13日，人民解放军包围北平，15日，傅作义第一次派《平明日报》总编崔载之代表他出城谈判，核心是要求组织华北联合政府，保留军队。这与中共中央的主张差距很大，解放军督促他必须放下武器。傅作义表示要继续作战。

新保安战斗后，傅作义被定为战犯，1949年1月6日，双方开始第二次谈判，解放军提出所有军队一律解放军化，所有地方一律解放区化。傅作义认为所谈问题不具体，部队离城改编还需要时间，采取拖延的办法。

1月13日，双方第三次谈判开始。14日，人民解放军用29个小时攻下天津，傅作义最终没有了退路，1月20日，傅作义接受了解放军提出的条件，令其所属的两个兵团部，八个军部、25个师，共20多万人接受人民解放军的和平改编。

1949年1月22日，傅作义率部出城，部队换防交接。

北京城从此永离战火，北平的和平解放功绩垂史。和平解放使著名的文化古城、文物古迹能完整地保留下来；使清华、北大等大学完整地保留

下来，没有受到损坏，至今仍是国际一流大学。北平的工矿企业迅速恢复生产，社会秩序没有发生混乱，减少了牺牲和物质损失。

更为重要的是，北平和平解放示范全国，先后有湖南、绥远、新疆、四川和云南等地的和平起义，这大大缩短了战争进程，避免了人民更多的牺牲，为国家保留了更多的物质基础，便于国家能在短时期内尽快恢复元气。

9月19日，傅作义促成绥远和平起义。傅作义所走的路，经历了时代的变革，跟上时代的步伐，显示了中国近代史的一个侧面。

◎ 黄克诚

黄克诚（1902—1986 年），中
国人民解放军高级将领，湖南省永
兴县人，1925 年加入中国共产党。
黄克诚曾在国民革命军任营政治指
导员、团政治教官，其参加了北伐
战争和湘南起义。土地革命战争时
期，黄克诚先后任中国工农红军第
四军游击队党代表，红四军第十二
师三十五团党代表、团长，第二路
游击队司令，红三军第四师政治委
员、军政治部主任，红三军团代政
治部主任，中央军委卫生部部长，
红军总政治部组织部部长。

黄克诚

抗日战争时期，黄克诚历任八路军一一五师三四四旅政治委员，八路
军第二纵队、第四纵队政治委员，第五纵队司令员兼政治委员，新四军第
三师师长、政治委员，苏北军区司令员、政治委员。解放战争时期，历任
西满军区副政治委员、司令员，中共西满分局代理书记，东北军区副司令
员兼后勤司令员，中共冀察热辽分局书记兼军区政治委员，中共天津市委

书记。

中华人民共和国成立后，黄克诚历任中共湖南省委书记，湖南省军区司令员、政治委员，中国人民解放军副总参谋长兼总后勤部部长，中共中央军委秘书长，国防部副部长，中国人民解放军总参谋长，中共中央军委顾问，中共中央纪律检查委员会常务书记、第二书记。1955年被授予大将军衔。黄克诚是中共第七届中央委员，第八届中央委员、中央书记处书记，第十一届中央委员。

与彭德怀的友谊

湖南籍的将帅有一个共同的特点：有崇高的理想，为了革命事业。虽万死而不辞；能征善战，敢打敢拼，虽血染沙场而不悔；性格倔强，敢于坚持真理，虽折翼而不屈。湘籍元帅彭德怀和湘籍大将黄克诚就是他们中的典型。彭德怀和毛泽东一样是"脾气最倔的湖南人"。在陕北时期，彭德怀曾在一次闲谈中对他的部下彭雪枫和张爱萍说："我这个人脾气不好，喜欢骂人，你们都是挨过我骂的人，很对不起"。彭德怀性格火辣，敢于为民呐喊，敢于跟错误路线较真。这些，都给他的政治前途带来了厄运。在1959年的庐山会议上，他被打成了反党分子，遭到错误批判，最后被迫离开领导岗位。

黄克诚与彭德怀既有相似的地方，也有不同的地方。相同的是他们都敢讲真话，敢于坚持真理；不同的是彭德怀火辣到底，黄克诚刚中带柔。

黄克诚一走进革命的队伍，就在彭德怀的领导之下。后来，通过长期斗争实践的考验，彭德怀逐步喜爱上了他这种绝不"随风倒"的品格。

彭德怀第一次认识黄克诚是在 1930 年初。当时，黄克诚刚被派到红五军中任纵队政委。作为红五军军长的彭德怀，一开始对这个戴着眼镜的下属并没有在意。彭德怀真正开始关注黄克诚，是在部队攻打江西修水县城时。那天，在激烈的战斗中，彭德怀来到了枪林弹雨的最前线。在一个壕沟里，他通过望远镜看到担任主攻任务的黄克诚纵队几次强攻受阻，先行爬上云梯的战士纷纷中弹掉了下来。就在这紧急关头，黄克诚手持一把寒光闪闪的大刀，冒着弹雨带头爬云梯。榜样力量是无穷的，他的这一举动带动了大家，全纵队的干部身先士卒争先爬上云梯，战士们更是不甘示弱。指战员们勇猛杀敌迅速登上城墙，把红旗插上了城头。

战斗结束后，彭德怀叫黄克诚来见他。一脸严肃的彭德怀，用锐利的目光上上下下、仔仔细细把黄克诚打量了一番，他怎么也不能把眼前这个文弱的书生和他在战场上看到的勇猛战将画上等号。一阵寒暄之后，他问起了黄克诚的身世和革命经历。最后，彭德怀又像是叮咛又像是命令地道："下次作战不许再挥大刀往前冲，那么大一副眼镜片子，很招眼，一看就是当官的，容易遭枪子儿。你死了，谁来指挥部队？"事后，彭德怀对别人说道："修水一仗让我认识了黄克诚"。

1930 年 6 月，在立三路线影响下，中央领导把中心城市的武装暴动看成是中国革命决定胜负的关键，并为此制定了组织全国中心城市武装起义和集中全国红军攻打中心城市的冒险计划。此时，中央已经以红五军为基础成立了红三军团，辖红五、红八两个军，彭德怀任军团总指挥和前委书记，黄克诚所在的红三军团受命夺取武汉。

听到传达，部队上下无不群情振奋，摩拳擦掌，踊跃响应。而黄克诚却

预感到情况不妙，他认为夺取中心城市的计划，在当时红军还不很强大的情况下，是很不现实的。为了避免以往几次失败的覆辙，他冒着风险给彭德怀写了一封信，提出了自己的看法，陈述现在不能够去攻打大城市的理由。接到信后，彭德怀综合其他意见，采取了折中的做法，放弃了攻打武汉的计划，作出了先夺取长沙，然后再根据形势决定下一步的战略部署。

后来，红三军团虽然将长沙打下来了，但仅仅守了大约十来天时间，敌人就开始反攻长沙。敌军来势汹汹，用数倍于红三军团的兵力，企图把红军合围在长沙。见此情景，彭德怀不敢恋战，只好率部趁夜色撤出长沙。由于黄克诚在攻打长沙期间，屡屡提反对意见，被不少干部认为思想右倾，不适宜担任师一级领导职务，随即在其后的部队整编中将他降为团政治委员。

可是黄克诚敢讲真话，坚持真理的性格却给彭德怀留下了深刻印象。1931年夏，在中央革命根据地开始了第二次大规模的肃反运动，即打"AB团"。一提到打"AB团"，已担任师政委的黄克诚就有一肚子意见，因为他经过第一次打"AB团"的运动，看到了运动给党和军队带来的巨大损失。于是，运动一开始，他就进行了抵制，并利用自己师政委的身份，保护一些被冤枉的同志。由于黄克诚抗命保护自己的同志，结果厄运很快就降临到自己的头上，他被肃反委员会以"同情和包庇反革命，破坏肃反"的罪名抓了起来。接着，他被肃反委员会判处死刑。

这一消息被彭德怀知道后，他亲自找到肃反委员会的负责人，一脸怒气问道："为什么把我的师政治委员抓起来？"肃反委员会负责人自然拿不出黄克诚是"AB团"的证据，只好说他是右倾机会主义分子。彭德怀大声说道："对右倾机会主义分子可以批判斗争嘛！怎么可以采取捕抓、枪毙的办法来处理呢？"这位负责人理屈词穷了，只得将黄克诚释放。黄克诚的命虽然是保住了，但是师政委一职却被撤销了。

黄克诚没有事情可干，又不想赋闲，于是就向彭德怀提出工作请求。彭德怀十分同情黄克诚的遭遇，让他到军团司令部去当秘书。1931年11月，彭德怀、滕代远等军团主要负责同志都到瑞金去参加全国第一次苏维埃代表大会。临行前，彭德怀让黄克诚代理处置前委的日常工作。待他开完会回来以后，他又派黄克诚到寻乌县去调查打"AB团"的情况。黄克诚从寻乌县回来后，把在寻乌所见所闻如实地向前委作了汇报。黄克诚动情地对彭德怀和其他军团领导说，我们不能再搞自相残杀的蠢事情了，否则，我们将变成孤家寡人。

没有多久，党中央开始纠正肃反扩大化问题。黄克诚又被起用，重新担任师政治委员。在此后的28年里，彭德怀对救黄克诚的事只字不提，黄克诚也不知道是谁救了他的命，直到1959年的庐山会议。庐山会议在批判黄克诚时，康生翻起了历史，说彭德怀对于黄克诚来说是有救命之恩的，所以他们最后才走到了一起。听到这话，黄克诚才得知当初事情的原委。他不由心潮起伏，为彭德怀的高尚节操和博大胸怀所折服，也为两人在长期的工作中建立的崇高友谊感到自豪。

黄克诚将军的晚年

庐山会议之后，黄克诚戴着"三反"性质的"右倾机会主义"帽子，赋闲在家。1960年，严重的自然灾害和大跃进造成粮食紧缺，许多人死于饥荒。黄克诚多次到北京郊区找农民了解情况。那年天旱，他经常睡不着觉，到院子里望天盼雨，并赋诗一首："少无雄心老何求，摘掉纱帽更自由。蛰居矮屋看世界，漫步小园度白头。书报诗棋能消遣，吃喝穿住不发愁。但愿天公勿作恶，五湖四海庆丰收。"

1965 年 9 月，黄克诚要求做点工作。毛泽东决定他到山西省当副省长，并要他在国庆节前去报到。黄克诚表示："衔命西去无别念，愿尽余生效薄绵。"他把节省下来的 1000 斤粮票交给公家，安排停当，去山西赴任。他在山西一年时间里，经常翻山越岭，没有公共汽车就骑毛驴，先后跑了 27 个县，了解农业生产和农民生活，并参加抗旱斗争。这时，他已60 多岁了。

"文革"中，北京的一批学生到太原将他押到北京，先关进牢房，后又"监护"审查。被揪走时，他从容镇静，泰然自若，曾赋诗云："抓去不外杀管关，人生一世也平常。反躬自省无憾事，脸不变色心不慌。"他被大会批斗二十多次；专案组经常采取车轮战法，通宵达旦打骂、逼供。黄克诚理直气壮，义正词严。

晚年，他双目失明，仍然每天准时端坐在电视机旁聚精会神地听电视新闻和天气预报。如果听到哪里发生了灾情，立即打电话询问损失情况、灾民是否得到妥善安置。他常说："我是一个农家子，深知农民生活的艰辛。中国是农业大国，农业生产具有特殊的重要性。我们在任何时候都不能忘记农业和农民。更不能伤农、坑农。"

1977 年 12 月，黄克诚被任命为中央军委顾问。以后，他又被增补为中央委员，当选为中纪委常务书记，后又任第二书记（陈云为第一书记）。在审理林彪、江青反革命集团案，清理"文革"中"三种人"与平反冤假错案中，黄克诚直接参与研究解决一些重大问题。一些当年在批判和审查他时说过错话、做过错事的人，纷纷向他赔礼道歉。他毫不介意，坦诚地说："在当时那种情况下，你们也有压力，不向我开炮，你们也难以过关。现在事情已经过去，没有必要再去提它了。要注意保重身体，争取在有生之年为党再多做些工作。"他还通过各种方式向有关方面打招呼，做疏通工作。说某某同志过去一贯表现很好，某某同志有战功，希望在做结论时，充分考虑到"文革"的特殊情况，尽可能从轻发落；即使对错误严重者，也要"刀下留人"，只要不属于品质恶劣，作恶多端、民愤很大的，就不要追究。

虽然林彪在庐山会议上批判彭德怀、黄克诚的调子最高，但黄克诚对林彪没有全盘否定。1984年，他在审阅中国大百科全书军事卷有关人物条目时，认为对林彪一条的释文只写简历和罪行不够全面。他对编写人员说："写人物志，要学习司马迁，要用历史唯物主义的观点，用历史学者的态度，去评价历史人物。林彪在我军历史上是有名的指挥员之一，他后来犯了严重罪行，受到国法制裁，是罪有应得，但在评价他的整个历史时，应当两面都写，不要只写一面。"

黄克诚复出之后，仍住在一处5间平房里。因院子临街，为安全起见，管理部门准备盖一个门楼，并已备好了材料，他得知后立即制止。他的住房多处漏雨，用好几个脸盆接雨。服务处多次提出给他翻修房子，他听说要花3万多元，又立即制止，说："花钱太多了，3万元能办很多事，不要翻修，哪里漏雨就修哪里。"直到他去世，房子始终没有翻修。他对子女要求极严，经常说："你们要靠自己努力奋斗成才，不要靠什么关系、后门，我黄克诚是没有后门可走的。"他的四个子女，都是一般工作人员，作风朴实。他的专车，不准子女使用，二儿子黄晴结婚时，新娘是骑自行车嫁到家里来的。

黄克诚晚年住在医院里，当得知自己的身体已不适宜继续工作时，他主动向中央提出辞呈，要求免去一切领导职务，包括不挂任何虚职，以示不愿做尸位素餐之人。1985年9月举行的中共十二届四中全会批准了黄克诚辞去领导职务的请求，并给他发了致敬电，赞誉他"具有坚强的阶级党性，不盲从，不苟同，坚持真理，刚直不阿，不论身居高位还是身陷逆境，都一心为公，无私无畏。"

黄克诚诗歌欣赏

江城子·怀念彭总

久共患难真难忘，

不思量，又思量。

山水阻隔，

无从话短长。

两地关怀当一样，

太行顶，峨眉岗。

经常相逢在梦乡，

宛当年，上战场。

奔走呼号，

声震山河壮。

富国强兵愿已偿，

且共勉，莫忧伤！

◎ 汉尼拔

汉尼拔（公元前247—前183年或前182年），北非古国迦太基著名军事家。汉尼拔生长的时代正逢古罗马共和国势力的崛起，少时随父亲哈米尔卡·巴卡进军西班牙，并在父亲面前发下一生的誓言，要终身与罗马为敌。汉尼拔自小接受严格和艰苦的军事锻炼，在军事及外交活动上有卓越表现，现今仍为许多军事学家所研究之重要军事战略家之一。

第二次布匿战争期间，汉尼拔率领军队从西班牙翻越比利牛斯山和阿尔卑斯山，牺牲了大量佣兵，进入意大利北部，在特拉比亚战役（公元前218年）、特拉西美诺湖战役（公元前217年）和坎尼战役

卢浮宫的汉尼拔雕像

（又叫"康奈大战"，公元前216年）中巧妙运用计策（地形、兵种及天气变化）引诱并击溃罗马人，于进入罗马国境的途中因眼疾而有一眼失明。坎尼战役之后，罗马人深感此人之军事威胁，特别是情报搜集、行军布阵及外交分化罗马联盟上，于是减少与汉尼拔的军团发生正面冲突，加强同罗马联盟之间的关系，施用焦土战略，阻断其军需物资的补给，发行国债，增加军团，从汉尼拔身上学会及改用游击战略，才逐渐夺回意大利南部的要塞。公元前204年，罗马人在大西庇阿的率领下入侵迦太基本土，迫使汉尼拔回到非洲。公元前202年，大西庇阿于扎马战役击败汉尼拔。

战后汉尼拔成为迦太基的行政官，以帮助迦太基从战争的疮痍中恢复。公元前195年，在罗马人的施压下，汉尼拔出走东方，流亡到塞琉西王国，直到公元前189年，罗马打败安条克三世，并要求引渡汉尼拔，汉尼拔逃到小亚细亚北部的比提尼亚王国。即使如此，罗马人仍然不放心汉尼拔，一直争取把他引渡到罗马受审，终于逼至汉尼拔在公元前183年服毒自尽。

汉尼拔率领的著名战争

（1）意大利战役（公元前218—203年）

罗马在第一次布匿战争后完全掌握了地中海内的制海权，战败的迦太基受条款所限无法建立能与其抗衡的海军。因此汉尼拔计划了一条前所未有的策略，他在公元前218年春天从新迦太基出发，率军翻越比利牛斯山，

穿过敌对高卢人的领土，在九月率领 38000 步兵，8000 骑兵及 37 只战象，渡过隆河，避开罗马派进高卢军队的拦截，于秋天抵达阿尔卑斯山脉边缘。

面对坎坷的气候，险峻的地形，汉尼拔统帅一支种族语言参差混杂的军队，由于山南高卢人在公元前 225 年至公元前 222 年被罗马人战胜，大都倾向于汉尼拔。加上有高卢人的向导指引，汉尼拔完成了在罗马人眼中绝不可能达成的任务，在冬季成功跨过阿尔卑斯山，进入意大利北部，据估计在整个过程中汉尼拔损失了将近半数的兵力。

（2）特拉比亚战役

罗马原本打算在高卢击溃迦太基军队，进而入侵伊比利亚及北非迦太基领土，万想不到汉尼拔会越过阿尔卑斯山，出现在帕杜斯河（波河）谷地内。当地各个高卢人部落不久前才臣服罗马，汉尼拔的出现使他们纷纷叛变脱离罗马的管制。

罗马执政官、远征军统帅、普布利乌斯·科尔内利乌斯·西庇阿在高卢得讯之后，将部队留给其弟格涅乌斯·西庇阿，自己回到山南高卢，并打算在北部拦下汉尼拔的部队。在经过短暂休息补充之后，汉尼拔首先收服了都灵地区的敌对部落，解除了对他军队后方的威胁。随之在波河流域提契诺附近与罗马军交战。汉尼拔善用其骑兵优势，迫使罗马军退出伦巴底平原。罗马在这场小规模交锋中的失败，加速了当地高卢人的叛变，不久之后整个意大利北部的部落便全部倒向迦太基阵营。高卢与利古里亚佣兵的加入使汉尼拔的军队得以补充回 40000 人的全盛状态，全面入侵意大利的日子指日可待。

在提契诺落败受重伤的西庇阿带领仍然完整的罗马军撤退至特拉比亚河对岸。在提契诺之役前，罗马元老院早已传令驻军西西里岛的执政官塞

姆普罗纽斯·朗戈斯率军赶回北方与西庇阿会合，联合对付汉尼拔。汉尼拔在经过巧妙的行军之后，将其阵营移至塞姆普罗纽斯援军必行之路上，阻断罗马军会合的计划。塞姆普罗纽斯趁机绕过迦太基军，成功的与西庇阿会师。当年十二月，两军在特拉比亚河畔展开决战，汉尼拔充分展现了他过人的军事天才，运用努米迪亚骑兵骚扰罗马军营，诱使急躁的塞姆普罗纽斯下令全军出击，当天下着冻雨，罗马人没有得到休整就匆忙出战，而迦太基军已经抹好了油脂，吃过早餐，擦拳抹掌。罗马军就这样进入了汉尼拔设下的陷阱。在双方正面交锋得如火如荼之际，迦太基伏兵从埋伏之处涌出，突袭罗马军侧翼，本来就承受着战象压力的侧翼立即崩溃，罗马兵溃不成军，但是罗马正面的步兵突出重围，证明了罗马军团正面的无敌。罗马全军伤亡超过三分之一，但是汉尼拔布置于正面的高卢佣兵损失惨重，战后许多士兵因为伤寒而死，战象因为战死和感冒，损失很大，一说幸存的战象在战后的感冒中全部死亡。

（3）特拉西梅诺湖战役

汉尼拔的胜利巩固了他在意大利北部的力量，当年冬天他与高卢人一起扎营过冬。因高卢人对他的支持逐渐下滑，汉尼拔知道高卢人不能信任，于公元前217年春季，他决定南下寻找一个更稳定的基地。

为了避防汉尼拔攻打罗马城，罗马派出新上任的执政官与 盖约·弗拉米尼驻守东西两条通往罗马城的道路。能通往意大利中部的路径，只剩下位于亚诺河口的一片沼泽区。汉尼拔十分清楚穿越这片沼泽的困难，在这个季节内该地淹水频繁，但是要想进入意大利中部，此时这条路无疑是最近与最可行的选择。根据波利比奥斯的记载，汉尼拔的军队在备受疲劳与睡眠不足的情况下，在水中行军了四天三夜之后穿过了沼泽，据李维等人混乱的描述所说，汉尼拔跨过亚平宁山脉，并在不受阻碍的情况下渡过亚

诺河。在此过程中汉尼拔右眼因结膜炎失明，并且失去了许多士兵以及所有从开战至今仅存的战象，但是那样无意义、混乱的行军，不能令人信服。

抵达伊特鲁里亚的汉尼拔决定引诱驻守在 Arretium 的弗拉米尼与他决战，因此刻意四处破坏周遭的农田庄园，并以此向罗马的意大利的盟邦显示罗马没有保护他们的能力，以期瓦解他们与罗马的联盟。在种种方法失败之后，汉尼拔大胆地把军队开到罗马军左侧，截断其通往罗马城的道路。即便如此弗拉米尼仍继续守城不出。至此汉尼拔决定朝普利亚行军，期望弗拉米尼会尾随而来。急躁的弗拉米尼在接获汉尼拔退兵的消息之后终于按捺不住而出兵追赶。汉尼拔在特拉西梅诺湖北岸设下埋伏，当罗马军以纵队通过湖畔的狭道时，迦太基军队借着早晨的浓雾，毫不留情地从四面八方予其痛击，罗马军在此役中全军覆灭，统帅弗拉米尼随军阵亡。

至此汉尼拔消除了有能力阻挡他进军罗马城的唯一障碍，但意识到己方欠攻城所需的器械，汉尼拔决定前往意大利中部和南部，以说服各地起义背叛罗马。在特拉西梅诺湖战役之后，汉尼拔宣称："我并非来此与意大利人为敌，反之我是为了意大利人的自由而与罗马为敌。"罗马元老院在特拉西梅诺湖惨败之后任命 费边·马克西穆斯为独裁官。费边一反罗马尚武的传统，命令军队与汉尼拔军保持距离，限制其行动，但避开任何与其正面交锋的机会，许多次还偷袭汉尼拔的小股部队，意在消耗汉尼拔军队的士气、耐心与补给能力。汉尼拔多次尝试着引诱费边与其对决，但即使他的军队驶进意大利最富有的省份 Samnium 与坎帕尼亚，沿途破坏掠夺，费边仍只是保持距离的尾随着，始终不与他进入决战。费边消极的策略在罗马极不受欢迎，他的政敌——激进派，更公开指责他胆小懦弱。

当汉尼拔决定在冬天前离开被他破坏殆尽的坎帕尼亚时，他发现所有

的退路都已被罗马军封住。汉尼拔用计使罗马军相信他将从森林逃脱，在罗马军转移把守地时，汉尼拔占领出路，使全军在未受阻碍之下离开当地。虽然当时费边就在咫尺之外，顾虑汉尼拔的诡计，他选择按兵不动。当汉尼拔安全地离开坎帕尼亚并在普利亚平原找到过冬基地的消息传到罗马之后，费边的声望严重受挫，同时汉尼拔在掠夺破坏时唯独不动费边的地产，更是让费边完全失去元老院和人民的信任，不久之后他的任期届满，他的军权随之回到罗马执政官手上。

（4）坎尼战役

公元前216年春天，汉尼拔先发制人地攻下了罗马人在普利亚平原的补给重地坎尼，截断其对罗马的粮食供应。此时罗马元老院选出了两位新的执政官特林提阿斯·发罗与伊密略·鲍鲁斯，并为了将汉尼拔彻底铲除，动员了罗马共和国史上最庞大的一支联军。按照记载，罗马出动了八个军团，加上各个拉丁同盟的八个军团，一共就是十六个军团大约八万人。亟欲与汉尼拔一决高下的罗马众军团在两位执政官带领下南行至普利亚，在奥凡托河左岸找到他之后，于距其六英里之处扎营。罗马人将两只军队合并为一，两位执行官轮流隔日掌管指挥权。其中一位执政官发罗是个生性鲁莽傲慢的人，他靠煽动群众发家，此时一心渴望及早打败汉尼拔。汉尼拔利用这个特点，派骑兵骚扰罗马军营并干扰其水源供应，被激怒的发罗在次日轮到他掌权时，动员全军誓与汉尼拔一决胜负。

汉尼拔在此战中使用了其举世闻名的新月形战术，在战斗初期将军队部署成中锋凸起的阵形，主要是高卢佣兵和西班牙士兵，以此引诱罗马军集中攻打其中锋。面对凶猛而且占人数优势的罗马步兵，汉尼拔的中央步兵不久便节节后退，不疑有诈的罗马军涌入迦太基阵形中部，欲将其中锋击溃之后反抄其左右两翼。至此迦太基军阵形变成了凹陷的弦月状，两翼

汉尼拔最精锐的利比亚战士将罗马主力包围在其中，其中锋也开始了顽强的反击。迦太基优势的骑兵在击溃罗马骑兵之后，在此时转头猛击罗马步兵的后方，至此汉尼拔成功的以较少的兵力彻底包围了人数几乎为其两倍以上的罗马军。

据不同资料的估计，罗马人在此役中死亡与被俘虏的人数大约有五到七万人。死亡者名单上包括了罗马执政官鲍鲁斯（另一执政官发罗成功逃回罗马），前任两位执政官，两位财务官，共和国四十八名军团司令官中的二十九人，以及八十位元老院议员（约为罗马共和国政府 25%～30% 的成员）。此战成为古罗马历史上最惨痛的败北，亦为全球史上在单日中伤亡最严重的战役之一。

坎尼战役之后，罗马人才了解到费边的睿智，费边所代表的保守派重新上台，从此之后再也不与汉尼拔正面交锋，改回使用被动的消耗战。罗马在此战中的惨败动摇了它在意大利南部的联盟，西西里岛上的希腊城邦纷纷起义造反，汉尼拔随与锡拉库萨新国王希尔奥尼莫斯结盟。

巴尔干半岛上的马其顿国王腓力五世亦向汉尼拔传书表达支持，并向罗马展开了第一次马其顿战争。许多人相信汉尼拔若是在此时得到迦太基在人力与器械上的增援，他极有可能成功地攻下罗马城。但事与愿违，虽然同年中，意大利第二大城市卡普阿倒戈投入汉尼拔阵营，汉尼拔并随之以此城作为他的新基地，但由始至终只有少数意大利城邦加入他的行列，罗马在意大利的联盟仍屹立不垮。

（5）扎马战役

扎马战役与第二次步匿战争中其他战役最大的不同点，在于迦太基在步兵数量上占了优势，反之在迦太基前盟友东努米底亚王马西尼萨倒戈加入罗马阵营，并且吞并另一个努米迪亚王西法克斯的势力后。罗马军首次

拥有了骑兵优势。虽然逐渐年老的汉尼拔在多年征战意大利之后身心俱疲，但整体来讲迦太基仍然占有数量上的优势，并拥有为数八十的战象。

汉尼拔在此战表现得十分平庸，罗马的优势骑兵在战斗开始不久便击溃迦太基骑兵并一路追出战场，而大西庇阿设计的战术阵形轻易地化解了汉尼拔象兵的鲁莽进攻。汉尼拔模仿罗马的三线阵布置步兵，老兵在第三线预备着挽回颓势，但是由于溃散乱逃的大象，汉尼拔的战线受到极大影响，双方第一线步兵鏖战良久，最终罗马占据优势，汉尼拔的第二线步兵和第一线步兵最终出现了溃散，但是被第三线的老兵挺枪赶回，可是队伍的混乱已经不能弥补。最后全胜调头归来的罗马骑兵向迦太基军后方进击。迦太基军的阵线至此崩溃，此战术和当初坎尼之战汉尼拔的战术极其相似，由此可见大西庇阿的天才之处。据估计此战迦太基损失了 31000人，另有 15000 人受伤，而罗马军总共只损失了 1500 人。

迦太基在此役战败后对汉尼拔的军事能力失去了信心，于是随即向罗马投降，正式结束第二次布匿战争。战后罗马向迦太基定下了极为苛刻的条款，除了巨额战争赔款之外，迦太基失去了所有海外领土，海军解散至只剩下十艘防海盗的三列军船，并从此不得在未经罗马许可下建立军队，不得对外战争，在非洲之内的战争也必须得到罗马方面的同意。

生涯晚期

（1）战后和平时期（公元前 200—196 年）

四十六岁的汉尼拔在此时开始了他的政治生涯，并证明他在内政上的能力不亚于他的军事才华。战后他先低调行事了一阵子，但迦太基政局的腐败使他不久之后便受人民会议的委任，出头予以整治，他被选为行政官后恢复了这个职位的威信，靠着人民的支持，他进行了一系列成效显彰的改革，规定法官一年选举一次，任职后隔年才能重选，这让原本操控着整个迦太基的法官阶级怀恨在心，同时汉尼拔改革经济制度，使得迦太基可望在不大幅增加税收的情况下分期付清对罗马的战争赔款。后来迦太基在公元前188年就还清了赔款，其中自然有汉尼拔的一份功劳。

（2）流亡与辞世（公元前195—183年）

扎马战役之后七年，迦太基亲罗马的法官阶级畏惧汉尼拔最终会推翻自己的势力，因而向罗马人举报称汉尼拔有联系塞琉西国王安条克三世的行动，罗马以老加图为首的保守派一直想要铲除汉尼拔。但是以大西庇阿为首的派系一直袒护着汉尼拔，最终老加图占了上风，汉尼拔得知阴谋后只能孤身一人逃离迦太基，他首先拜访了迦太基的故乡腓尼基的泰尔城，随之旅行至 Ephesus，被准备向罗马开战的塞琉西国王安条克三世奉为上宾。

汉尼拔不久便发现安条克的军队无法与罗马军的力量抗衡，因此建议他派遣舰队登陆意大利南部，并自愿率领这批军队。但听信内臣进言后的安条克三世不愿将任何重要职位交给汉尼拔，因此未予采纳，仅仅让汉尼拔指挥一支海军，汉尼拔任职后也没有什么作为。据斯特拉博与普鲁塔克所记，在这段期间内他亦花了一段时间在亚美尼亚宫廷中，帮国王阿尔塔克西一世兴建新首都 Artaxata。

公元前190年，汉尼拔受命指挥安条克的舰队，但在西底被罗马的盟军击败。安条克在连串战役中败给罗马之后，与罗马签订合约，在各个条

款中罗马就提出要安条克必须交出汉尼拔。因此汉尼拔逃至克里特岛，但不久便再次返回小亚细亚，投靠当时正与罗马盟国帕加马交战的比提尼亚国王普鲁西亚斯一世。汉尼拔在这场战争中为普鲁西亚斯立下战功，再次让罗马人决心使其就擒。在罗马的要求下，普鲁西亚斯同意将其交出，但决心不落入罗马人手中的汉尼拔饮鸩自尽。其死亡的正确年代仍受到争议，但历史学家李维的著作似乎暗示汉尼拔与小其十二岁的大西庇阿同于公元前 183 年过世，享年六十四岁。

◎ 恺 撒

恺 撒

恺撒（前102—前44年），古罗马共和国领袖和军事统帅，军事家、政治家。他公元前60年与庞培、克拉苏秘密结成前三巨头同盟，随后出任高卢总督，花了八年时间征服了高卢全境（大约是现在的法国），还袭击了日耳曼和不列颠。

公元前60年，庞培、克拉苏、恺撒这三位有着巨大影响的政治家达成了相互支持的秘密协议，历史上称之为"前三头同盟"。为了巩固这一同盟，恺撒把他年仅14岁的女儿嫁给了年近50的庞培。在庞培和克拉苏的一致支持下，恺撒于公元前59年当选为执政官。恺撒经过一系列的政治活动，已经获得了广大平民和骑士阶层的支持，成为与庞培、克拉苏齐名的强有力的人物。公元前49年，率军占领罗马，打败庞培，集大权于一身，实行独裁统治，制定了《儒略历》。公元前44年，恺撒遭以马可斯·布鲁图斯所领导的议员而暗

杀身亡。

恺撒身后，其甥孙及养子屋大维击败安东尼开创罗马帝国并成为第一位帝国皇帝。他的战略思想和战术原则为西方许多著名军事统帅诸如拿破仑等所效法。主要有《高卢战记》《内战记》《亚历山大战记》《阿非利加战记》等著作。

<h1 style="text-align:center">恺撒大帝</h1>

著名的罗马政治和军事领袖尤利乌斯·恺撒，公元前 102 年 7 月 12 日恺撒出生于罗马，当时正是罗马帝国政治上极为动荡的时代。他在父系和母系两个方面，都出身于纯粹的贵族家庭环境中，由此获得了很好荫庇。恺撒受过良好的教育，青年时代起，就开始了他的政治生涯。他政治上的崛起，同他与形形色色的政客结盟有关。公元前 58 年，他被任命为罗马统治下的 3 个外部省（山中高卢、伊利库姆和山南高卢）的总督，时年 42 岁。他统率着 4 个罗马军团，总数约 2 万人。

公元前 58—51 年间，恺撒用这些军事力量入侵和征服了高卢全部地区，范围约为今天法国和比利时的全部领土以及瑞士、德国和荷兰的部分地区。虽然他的军队在数量上不占优势，但他成功地击败了高卢各部，把莱茵河以西的所有领土纳入罗马帝国的版图。

公元前 2 世纪，罗马人在同迦太基人进行的第二次布匿战争获胜之后，建立起了庞大的罗马帝国。征战虽使许多罗马人富有，但同时也极大地破

坏了罗马的社会经济结构。许多农民失去土地，元老院已没有能力公正而有效地管理庞大的帝国世界，加之政治上腐败猖獗，整个地中海地区处于管理的极度混乱之中。大约从公元前 133 年起，罗马也开始陷入混乱，政客、军人相互倾轧，不同派系的军队相继通过罗马。尽管大家都明白行政混乱这一事实，但多数罗马公民仍要求保持共和政体。恺撒也许是第一位认识到罗马的共和政体不仅没有保留价值，而且的确已经无可救药的政治领袖。

恺撒征服高卢后，成了罗马公众心目中的英雄。他的政敌则认为他的权力和影响力过大了。当他的军事指挥权期满后，罗马元老院决定把他召回罗马。恺撒担心如果独自一人返回罗马，政敌可能会加害于他。这种猜测不无道理。于是在公元前 49 年 1 月 10 至 11 日夜，恺撒公开对抗罗马元老院，率领军队渡过意大利北部的卢比肯河向罗马挺进。这次公开的反叛行动标志着一场以恺撒军团为一方，以效忠元老院的军队为另一方的国内战争的开始。战争历时 4 年，最后一次战役发生在公元前 45 年 3 月 7 日，战场在西班牙的曼达，恺撒大获全胜。

恺撒认为，罗马需要他所提供的有效而又开明的独裁政体来管理。公元前 45 年 10 月，他回到罗马后不久，便成为终身独裁者。公元前 44 年 2 月，有人提出要为他加冕，但遭拒绝。但这并不能使他的政敌们放心，因为他仍是军事独裁者。

恺撒在他生命的最后岁月中，着手一系列强有力的改革计划。他打算把退伍老兵和罗马贫困地区重新安置在帝国境内的新的社区里。他放宽限制，给予罗马结盟的民族以公民权。他计划建立统一的意大利城市管理机构，大兴土木。他还打算编纂罗马法典，并推出其他几项改革措施。但他没有成功地设立令人满意的罗马帝国宪法体系，这或许是导致他失败的重

要原因。

　　恺撒是历史上最具有超凡魄力的政治人物之一。他具有多方面的才能，是一位成功的政治家、能干的军事统帅、杰出的演说家和作家。他描述自己征战经历的《高卢战记》，一直被视为文学经典之作，很多大学生认为它是所有拉丁文经典著作中最有意义的书。恺撒作战勇敢、精力充沛而又英俊潇洒。然而，他又是一个声名狼藉的唐璜式的人物，就是以当时的道德标准，他也是属于滥性者（其中最为出名的风流韵事是与克娄巴特拉的恋情）。

　　关于恺撒的个性，后人常有各种评论。他有权利欲，并利用其政治地位谋取财富，但他不像大多数有野心的政治家。总体说来，他既不虚伪也不搞权术。在同高卢人的战争中，他无情而且残酷。而对待被他击败的罗马政敌们，他特别宽宏大量。他的名字后来成为一些帝王使用的头衔，用来象征一种威望。例如，德国皇帝称"凯泽"，俄国皇帝称"沙皇"。他的侄孙奥古斯都·恺撒，虽然后来成为罗马帝国真正的奠基者，但他仍不如老恺撒那么有名气。恺撒对历史的实际影响，并不能等同于他的巨大声望。虽然他对罗马共和国的解体起了重要作用，但这种作用不应被夸大，因为当时罗马共和国政府已经摇摇欲坠。

　　恺撒最主要的成就是征服高卢，他所占领的地区后来继续被罗马统治，长达 500 年之久。在此期间，这些地区被彻底罗马化，如接受罗马法律、习惯和语言，以及后来的罗马基督教。今天的法语实际上是从当时口语化的拉丁文派生而来的。恺撒对高卢的征服还对罗马帝国本身起了重要作用，它使意大利几百年来免受北方的侵袭，的确是保障整个罗马帝国安全的一个重要因素。

恺撒之死

公元前44年，恺撒被推举为终身独裁官。元老院、公民大会和各种职官形式上虽然保存，但实际上一切听命于恺撒。他的出身被神化，他已经成为罗马世界至高无上的主宰者。在恺撒独裁统治期间，为了加强中央集权制，巩固统治基础，采取了一系列改革措施。通过这些改革措施，恺撒一方面加强了罗马帝国与其他帝国的联合，另一方面，提高了各行省的地位，而削弱了元老贵族的势力。所以，恺撒的独裁和改革遭到一部分元老贵族的坚决反对，其代表人物是布鲁图和卡西乌斯。而布鲁图是恺撒的主要政敌庞培的部下，现在又被恺撒宽恕，并继续信任和重用。

恺撒和庞培早年曾经担任执政官。当恺撒在罗马帝国西部打仗的时候，庞培在帝国东部（今天土耳其和叙利亚的一部分）也屡建战功。庞培虽然是恺撒的亲密朋友，却十分嫉妒恺撒。恺撒征服的地方越来越多，在士兵中的威信又日益增高，使庞培深感不安。公元前49年，他怂恿元老院解除恺撒的兵权，命令他立即从高卢返回罗马。恺撒接到命令，知道这是庞培的阴谋。他反复考虑，决定带领军队打回罗马，利用这次机会在罗马建立独裁政权。

恺撒带领军队，走到一条叫做卢比孔的小河边。罗马法律规定：任何将军没有接到命令，不得带领军队越过这条小河。否则，就要当作谋反来治罪。恺撒当机立断，对着部下大声喊道："骰子已经掷下去了！"他跨上

战马，跃进溪流，大军紧紧跟随在后，很快就越过了卢比孔河。庞培没有料到恺撒会这样果断地进军罗马，迎战不及，只得带着2.5万人仓皇逃往希腊。恺撒进入罗马后，迫使元老院同意他成为罗马的"独裁者"，随后又得到了统治整个意大利半岛的权力。等罗马局势稍稍稳定以后，恺撒立即进军希腊，讨伐庞培。庞培被打败，逃到了埃及。恺撒也跟着追到埃及。埃及国王为了讨好恺撒，派人刺杀了庞培，把血淋淋的人头送到恺撒面前。谁知恺撒却把脸一沉，转过头去。这个高傲的独裁者不愿意看到他的政敌被别人杀害，他下令处决了杀死庞培的人。

这个时候，埃及托勒密王朝正发生争夺王位的纠纷，恺撒支持了以美貌闻名的女王克娄巴特拉，并且在她的深宫里住了半年之久。接着，他的军队又进入小亚细亚，只用5天的时间，就平定了庞培部下本都王子的叛乱。他用最简洁的拉丁文写了一份捷报送回元老院，上面写的是："Veni, vidi, vici"（意思是"我来了，我看见了，我打胜了"）。这个战报充分显示了恺撒用兵神速的特点。再过两年，恺撒从北非转战西方，又在西班牙扑灭了庞培两个儿子的反抗。但他宽恕了庞培手下的将领，把他们收为自己的部下，其中最被重用的就是布鲁图。

恺撒的凯旋受到罗马人热烈的欢迎。有些人想拥戴他当皇帝。从公元前509年塔克文被赶走以后，罗马就没有过帝王。罗马人仇视帝王，反对恢复帝王的职位。恺撒虽然内心十分想当皇帝，也不敢轻举妄动。在一次节日盛会上，执政官安东尼突然把一顶皇冠戴在恺撒头上。可是只有少数人鼓掌，大多数人都在叹息。恺撒一看这种情况，认定还不到称帝的时候，就取下王冠扔在地上。安东尼连忙拾起皇冠又给他戴上，他又扔掉了。人们看到恺撒一再拒绝戴上皇冠，就欢呼起来，纷纷向他致敬。

恺撒虽然没有当上皇帝，却已经拥有许多尊贵的称号："终身保民官"

"祖国之父"等等。法律规定他坐在黄金象牙宝座上处理公务，他的画像同天神放在一起。他获得了无限期的独裁权力。有些人看出，恺撒的权力愈来愈大，总有一天会戴上皇冠的。因此，他们组织了阴谋集团，决心除掉他。这些阴谋者当中，有一个就是那位受到恺撒信任的布鲁图。

在出席元老会的前一天，恺撒和他的骑兵长雷必达一起用餐时，突然提出一个问题，"怎样一种死法是最好的？"大家纷纷发表意见，最后，恺撒表示，他愿意突然而死。谁料想，第二天他的预言就应验了。公元前44年3月15日，元老院举行会议。恺撒单身一人来到会议厅。他的妻子曾梦到他在去元老院后就不回来，而且他的一个朋友也提醒他今天会出现一件坏事发生，劝他不要去元老院，就算去也要带卫队一起去，但是他仍然拒绝带卫队。他说："要卫队来保护，那是胆小鬼干的事。"恺撒大步走进大厅，坐到黄金宝座上，笑着说："现在不就是3月15日吗？"这时候，阴谋者都身藏短剑，像朋友一样围在他身边。其中的一个人跑到他面前，抓住他的紫袍，像是有什么事要请求他似的，原来这就是动手的暗号。众人一拥而上，用短剑刺向恺撒。恺撒没带任何武器，他奋力夺下紫袍，进行反抗。他的腰部中了一剑。接着，一剑又刺进了他的大腿。他看见这一剑正是他最信任的布鲁图刺的，不由得惊呼："啊，还有你，布鲁图！"他放弃了抵抗，颓然倒下，用紫袍蒙面，听任他的仇敌乱刺、乱砍。他一共被刺23处。其中3处是致命的，恰巧死在庞培雕像的脚下。

恺撒被杀死以后，布鲁图说："我爱恺撒，但我更爱罗马！"可是罗马的平民没有一个人对恺撒之死表示高兴。当凶手们手提着血淋淋的短剑走出元老院的时候，和他们所预料的欢呼场面相反，看到的只是表情冷漠、充满怀疑目光的人群。

但事实上，恺撒的死有另一种说法。他拒绝了王位，作出一些不太让

元老满意的举动都是故意的，而且他身患重病，他只有唯一一个儿子奥古斯都，虽不是亲生的。所以他既不想让自己在史料上留下重病死的一笔，想留下光辉形象，又想让奥古斯都进行磨难后，将那些元老杀死，自己在百姓面前正当地当上"王"，他才会出此下策。

◎ 李舜臣

李舜臣（1545—1598年），字汝谐，号德水，朝鲜海军将领，抗日民族英雄，世界闻名的军事家。在朝日壬辰战争中，他率领朝鲜海军成功地打败日本侵略者的舰队，为夺取战争胜利立下了汗马功劳。

李舜臣于1545年出身于没落士大夫家庭，幼时家境贫寒。他颇有学问，能骑善射，32岁时武举登科，开始军旅生涯。他刚直不阿、一生忧国忧民。他生活的年代，正值丰臣秀吉统一日本后，大举对外发动侵略战争时期。

李舜臣

1592年4月13日，日本陆军约16万人相继在釜山登陆，5月3日侵占朝鲜首都汉城，迫使朝鲜国王宣祖不得不出逃到鸭绿江畔的新义州。在民族存亡的紧要关头，李舜臣和他领导的水军开到抗敌的第一线。中国明朝政府也派大军赴朝作战，援朝抗日。从此开始了长达7年的中朝两国军民共同抗击日寇的战争，史称"壬辰卫国战争"。1593年1月解放平壤，4月解放汉城。

  战败的日本侵略者一面玩弄和谈阴谋，一面搞反间计。昏庸的朝鲜李王朝中了反间计，解除了李舜臣的职务。1597年丰臣秀吉再度侵朝时，朝鲜失去任何可依靠的抵抗力量，朝鲜水军几乎遭到覆灭的命运。危急情况下不得不又起用了李舜臣，将剩余的12艘战船和120余名水兵归他指挥。李舜臣不愧是一名杰出的指挥员，他率领这支很小的力量于1597年9月在鸣梁海峡用诱敌计击破日船三百余艘，杀伤了日军数千人，是世界海战史上杰出的战例。

  1598年7月，中国舰队参战。11月18日中朝舰队和日方舰队在露梁海面上的激战开始，就在这次战斗中，中国舰队副司令官邓子龙的座船上，因使用火器不慎，引起了火灾。李舜臣前往抢救时，不幸左胸被敌人铁丸击中，伤势很重，于第二天与世长辞。

抗日英雄李舜臣

  1545年，李舜臣出生于朝鲜京都汉城。他自幼聪颖顽强，酷爱读书和练武，精通兵家谋略。23岁那年，他参加武科考试入榜，在水军中做一名小官，直到48岁时才被任命为全罗道水军统制使，着手操练水师。他对龟船进行了改造，大大提高了海战能力。《李舜臣全集》中详细地记载了龟船的情况：状似伏龟，长约11丈，宽丈余。船身外包铁板，防止敌人焚烧。铁板外装有锥刀，阻隔敌人接近。船首的龙头内装有硫磺焰硝，以便作战时喷吐烟雾迷惑敌人。船身四周有72个炮眼，攻击力很强。船两侧还有20个橹，行进速度较快，且能装载很多淡水和粮食，可作长时间航行，其先进性可见一斑。

1592年4月13日，日本的丰臣秀吉借口朝鲜拒绝攻打中国的大明国，悍然派兵入侵朝鲜，揭开了壬辰战争的序幕。面对日军的入侵，李舜臣豪言盟誓："愿以一死为期，直捣虎穴，扫尽妖魔，欲雪国耻之万一。"5月上旬，他率领全罗道左水营全体将士，在玉浦战役中取得首战胜利，击沉敌舰26艘。在5月末、6月初的唐浦海战中，李舜臣左臂受伤，仍坚守岗位，指挥战舰勇敢出击，又击沉敌船72艘。尤为出色的是7月闲山岛大捷，朝鲜水师一举歼灭日本水师主力，扭转了不利形势，取得制海权，击沉日舰59艘，歼敌9000人。在这几次海战中，龟船发挥了重要作用，李舜臣的指挥才能也得到发挥。

同年8月，李舜臣挥军向入侵日军的集中营釜山进攻，击毁敌船百余艘，毙伤无数，取得了辉煌战绩。年底，中国明朝政府派军队援助，朝中军民协力作战，于1593年1月光复平壤，并继续扩大战果。不久日军又被迫撤出汉城，退守东南沿海一角。丰臣秀吉企图一举占领朝鲜的"水陆并进"计划彻底破产。李舜臣"四次赴敌，十度接战"的功绩名扬天下，朝鲜政府授予他资宪大夫称号，并晋升为全罗、庆尚、忠清三道水军统制使。

日军在战场上的惨败，迫使丰臣秀臣采取"和平谈判"的策略。历经3年，谈判毫无结果。1597年1月日军再度挑起战争。为了削弱朝鲜水师，日本派奸细潜入汉城，散布"李舜臣欺瞒国王，放走敌将"的谣言。昏庸的国王在不明真相的情况下，下令逮捕李舜臣，任命无能的元均接替三道水军统制使。元均面对日军进攻束手无策，在漆川岛、固城海战中朝鲜舰队几乎全军覆没，元均丧命。这样，朝鲜政府在危难之机重新任命李舜臣为水军统制使。

李舜臣于 1597 年 8 月复职后，力挽危局，迅速重整水师，并立誓："战船虽寡，微臣不死，则不敢侮我矣。"9 月，日军海军派出由 330 艘船组成的舰队，企图趁朝军还未恢复元气之前决战，目标选在朝鲜海军基地——珍岛东北的碧波亭海湾。李舜臣将计就计，率领仅有的 12 艘战船，主动撤退碧波亭海域隐蔽，利用鸣梁海峡要道每日潮水四次涨落的规律，预先在峡口内外暗没了两道铁索，使涨潮时驶入的敌舰，在退潮时成、勾瓮中之鳖。9 月 16 日，日军被诱入其中，李舜臣在退潮时展开反攻，以 12 艘战舰挫败日军舰 330 艘，杀伤敌军数千名，创造了海战史上以少胜多的成功战例，史称"鸣梁大捷"。

1598 年 7 月，明朝派出的由陈璘和邓子龙率领的 5000 水师到达朝鲜，与李舜臣的水师会合，协同作战，很快包围了日军主力。恰逢此时丰臣秀吉病死在军中，日军士气低落。11 月 18 日朝中联军与日军在露梁海面展开激战，使侵略者遭到毁灭性的打击，击沉敌舰四百五十多艘，一千多人葬身鱼腹。就在这次海战中，明朝老将邓子龙的坐船失火，李舜臣在前往救援的行进中，不幸左胸被敌人流弹击中。他当即把战旗交给身旁的侄儿李莞，并嘱咐说："战方急，慎勿言我死，要代我指挥。"这样，杰出的爱国名将与民族英雄李舜臣，将自己的宝贵生命献给了祖国。他用自己的鲜血和生命换来了朝鲜壬辰卫国战争的巨大胜利，彻底粉碎了日本"灭朝攻明"的侵略计划，捍卫了朝鲜主权的完整。

李舜臣死后，举国悲痛，遗体被葬在忠清南道牙山郡于罗山下，谥号"忠武"，供人们世代凭吊、瞻仰。1950 年 7 月，朝鲜民主主义人民共和国特制李舜臣勋章和奖章，以授予战斗中荣立战功的海军军官和士兵。

李舜臣显忠祠

供奉着李舜臣将军灵位的显忠祠建于 1706 年，位于芳华山脚下，周围群山环抱，祠内松柏成荫。显忠祠占地 50 多万平方米，除了"本殿"之外，还有"号""古宅""家庙"以及李氏家族使用过的水井等古式建筑。有关李舜臣将军的历史资料和当年他与倭寇海战时使用过的武器等实物，明朝皇帝赐予他的都督印、令牌和斩刀等 8 件赐品的复制件，则被精心地保存在"遗物馆"里。每逢 4 月 28 日，即李舜臣诞生的日子，显忠祠都要举行祭祀活动。显忠祠在日本帝国主义的残酷镇压下一度荒颓，1945 年日本投降后，纪念忠武公的活动得以恢复。1966 年，韩国政府将此地辟为"圣域"，重建显忠祠，园区的综合景观工程一直持续到 1974 年。

另外，在首尔的韩国国会门外，有一尊李舜臣雕像和韩国海军护航舰艇"忠武公李舜臣"舰。他与李氏朝鲜世宗雕像对立与国会门外两旁，可见他在韩国人民心目中的地位之高。在大韩民国，许多学校在放置檀君像及世宗大王像的同时，也还设有忠武像。韩国首尔的忠武路便是为纪念李舜臣的历史功绩所命名。在釜山的龙头山公园，亦建有李舜臣将军铜像。另外，他的头像也出现在该国的 100 韩元硬币上。韩国海军开发的 KDX –Ⅱ 驱逐舰被称为忠武公李舜臣级驱逐舰。

◎ 拿破仑

拿破仑（1769—1821 年），著名的法国将军，法兰西第一共和国第一执政，法兰西第一帝国及百日王朝的皇帝、法兰西共和国近代史上的著名政治家，曾经占领过西欧和中欧的大部分领土，是法国人的骄傲。拿破仑的家族是一个没落的意大利贵族世家，在父亲的安排下，拿破仑 9 岁时就到法兰西共和国布里埃纳军校接受教育。

1784 年，拿破仑以优异成绩毕业后，被选送到巴黎高等军事学校，专攻炮兵学，被任命为皇家炮

拿破仑

兵少尉。他阅读了许多启蒙思想家的著作，其中卢梭的思想对他的影响非常大。1789 年法国大革命爆发后，拿破仑回到科西嘉，希望推动科西嘉独立，最后全家逃往法国。1793 年 7 月，拿破仑带兵攻下了保王党的堡垒土伦，因此受到雅各宾派的赏识。1795 年他受巴黎督政官巴拉斯之托成功平定保王党武装叛乱，一夜之间荣升为陆军中将兼巴黎卫戍司令。他重视炮

兵的战术应用，主张将火炮集中使用，以及充分发挥骑兵的机动作用。1796年3月2日，26岁的拿破仑被任命为法兰西共和国意大利方面军总司令。

1799年8月，拿破仑赶回巴黎。11月9日，拿破仑发动了雾月政变并获得成功，成为法兰西共和国第一执政。拿破仑进行了多项涉及政治、教育、司法、行政、立法、经济方面的重大改革，其中最著名的即是制定《拿破仑法典》。1804年5月18日，《共和十二年宪法》颁布，宣布法国为法兰西帝国，拿破仑为帝国皇帝，称拿破仑一世。这就是历史上的法兰西第一帝国。12月2日，他并不是由教皇庇护七世加冕，而是自己将皇冠戴到了头上。1805年5月26日，他又在意大利由教皇加冕为意大利国王。

1805年8月，奥地利、英国、俄国组成了第三次反法同盟，拿破仑亲自挥军东进。次年秋天，大不列颠及爱尔兰联合王国、俄国、普鲁士组成了第四次反法同盟，普鲁士军队几乎全军覆没。1807年6月又在波兰大败俄国军队，拿破仑与俄国沙皇亚历山大一世会面，法兰西帝国在欧洲大陆的霸主地位得到了确立。拿破仑一世兼任意大利国王、莱茵邦联的保护者、瑞士联邦的仲裁者。但1815年6月18日拿破仑的军队在比利时滑铁卢战役中全军覆没，7月15日投降。法兰西第一帝国覆灭，路易十八再度复辟，拿破仑被流放圣赫勒拿岛。1821年5月5日，拿破仑在岛上去世。

拿破仑大帝

拿破仑 1769 年生于科西嘉岛上的阿雅克修城，他的原名叫拿破仑·波拿巴。在他出生前仅 15 个月时，法国占领了科西嘉岛。拿破仑原本是一名科西嘉民族主义者，他将法国人看成压迫者。然而，拿破仑被送入法国的军事学校学习，1785 年他 16 岁时从那里毕业，成了一名法国军队中的少尉。4 年后法国大革命爆发了，在其后几年中，新的法国政府陷入数场对外战争中。拿破仑第一次展示自己的才能是在 1793 年的土伦包围战中，在那里他负责炮兵。他在土伦获得的成功使他被提升为准将。1796 年他受命指挥法国驻意大利的军队。在 1796 到 1797 年间，他在意大利赢得了一系列精彩的胜利。等到他返回巴黎时，他已是一位英雄。

1798 年，他率领一支法国军队入侵埃及。整个战役是一场灾难。在陆地上，拿破仑的军队总的说来是成功的。但由纳尔逊领导的英国海军粉碎了法国舰队。1799 年，拿破仑放弃了他在埃及的军队回到法国。回到法国后，拿破仑发现人们还记得他在意大利战役中的胜利而不是埃及历险的溃败。以此为资本，在回来一个月后，拿破仑同西哀士教士和其他人一起参加了政变。政变产生了新政府，即执政府，拿破仑担任了第一执政。尽管精心制定的宪法被采纳，也得到了广大群众的拥护，但这都不过是掩盖拿破仑军事独裁的假面具，他很快战胜其他阴谋者赢得优势。

拿破仑以不可思议的速度掌握了权力。1793 年 8 月土伦包围战之前，拿破仑还只是个不是在法国出生的、默默无闻的 24 岁的小军官。不到 6 年以后，年仅 30 岁的拿破仑已是法国无可争议的统治者，这是他在未来 14 年多的时间里要占据的交椅。在他当政期间，拿破仑对法国的行政制度和法律制度进行了重大变革。例如，他改革了财政结构和司法体制；他创建了法兰西银行和法兰西大学；对法国行政部门施行中央集权。尽管这些变革对法国产生了显著的影响，其中有些变革影响甚久，但它们对法国以外世界的影响却微乎其微。

然而其中有一项改革的影响却命中注定要远远超越法国国界。这就是法国民权法典，即著名的《拿破仑法典》，这部法典在很多方面将法国人革命的思想具体化。例如法典规定没有与生俱来的特权，法律面前人人平等。同时，法典充分考虑原来的法国法律和习俗，使法典能够被法国公众和法律专家所接受。整体上看，法典是适度的，组织良好的。其写作语言非常简洁，逻辑非常清晰。因此，法典不仅在法国具有持久的生命力，而且经过局部修改后被许多其他国家所采纳。

拿破仑的一贯政策是支持他就是法国大革命的维护者。尽管如此，他在 1804 年宣布自己为法国皇帝。另外，拿破仑将他的 3 个兄弟任命为其他欧洲国家的国王，这些行为无疑激起了某些法国共和党人的不满。他们认为这是一种彻底背叛法国大革命的行为，但拿破仑唯一的严重困难来自于他的对外战争。

1802 年拿破仑在亚眠同英国签订了和平协定。在经过了十多年几乎连续不断的战争之后，这给了法国一个喘息的机会。但是第二年和平协定便被撕毁，接踵而至的是同英国及其盟国间的一系列长期的战争。虽然拿破仑的军队在陆路上屡屡获胜，但除非击败英国海军，否则英国是不可能被征服的。但很不幸，1805 年在具有决定意义的特拉法加尔海战中，英国海

军赢得了压倒性的胜利。从此，英国无可争议地控制了制海权。尽管在特拉法加尔海战之后6个星期拿破仑取得了最伟大的胜利，但它却无助于消弭海军的灾难。

拿破仑于1808年愚蠢地让法国卷入了伊比利亚半岛上一场长期和毫无意义的战争中。有好几年法国军队在此陷入困境，进退两难，但是拿破仑的致命错误是他对俄国发动的战争。拿破仑于1807年会见了沙皇，在《提尔西特和约》中双方发誓保持友好。但这一联盟渐渐被破坏，1812年6月，拿破仑率领他的大军进入俄国。

此战结果是众所周知的，俄国军队通常避免同拿破仑进行决战，因此他进展迅速。到9月份，他已经占领了莫斯科。但是俄国人在莫斯科放起了大火，莫斯科城大部分被烧毁。在莫斯科等待了5个星期之后，拿破仑最终决定撤退，但为时已晚。俄国的军队，加上俄国的冬天以及法国军队给养不足三重因素的结合，很快将撤退变成了溃退，不到10%的"大军"得以活着逃离俄国。其他的欧洲国家，如奥地利和普鲁士，认为这是他们摆脱法国统治的一次良机，他们联合起来反抗法国。1813年10月在莱比锡战役中，拿破仑尝到了另一次惨败的苦果。次年他放弃皇位，并被流放到靠近意大利海边的厄尔巴岛。1815年他从厄尔巴岛逃跑并重返法国。他受到欢迎并恢复了权力，但其他欧洲列强迅速对法宣战。在他恢复权力100天后，拿破仑在滑铁卢遭遇了他最后的失败。滑铁卢战役后，拿破仑被英国囚禁在南大西洋的一个小岛圣赫勒拿岛上，1821年他在那里死于癌症。

拿破仑的军事生涯令人惊异地矛盾，他在战术部署上的天才令人感到困惑。如果仅以此来评价他，他或许可能被认为是有史以来最伟大的将军。但在重大的战略领域，他却常常犯下不可思议的严重错误，比如入侵

埃及和俄国。毫无疑问，拿破仑是个自私自利的人。他经常被人同希特勒相比，但是这两人之间有一个非常重要的区别。希特勒的动机大部分来自于一种非常可怕的信念；与希特勒不同，拿破仑仅仅是一个野心勃勃的机会主义者，对于恐怖屠杀没有什么特别的兴趣，在拿破仑统治的地区内根本没有出现像纳粹那样的集中营。

拿破仑战争

18世纪末叶至19世纪初叶，来自科西嘉岛的拿破仑将军指挥着法国军队同外敌进行了长达22年的战争，史称拿破仑战争。拿破仑战争是指1793—1815年拿破仑一世指挥法国军队对抗欧洲同盟的一系列战争。1793年拿破仑开始登上军事政治舞台，他凭借杰出的军事才干，连续打败了5次反法同盟，有力地捍卫了法国大革命的成果。欧洲几乎所有的名将都败在他手下，奥斯特利茨战役则是拿破仑生平最得意的一战。1804年，一个惊人的消息从巴黎传遍了欧洲：拿破仑已经加冕成为法兰西帝国的皇帝。欧洲的封建君主如坐针毡。同年，英国、俄国和奥地利组成了第三次反法同盟。

1805年，拿破仑率军冲入奥地利，同俄奥联军在奥斯特利茨（今捷克斯拉夫科夫）对峙。俄奥联军总数约9万人，法军只有不到7万。可是俄军远道而来，不利速战。名将库图佐夫建议等待援军，到兵力占绝对优势时再决战刚愎自用的沙皇不听劝告。12月2日，联军兵分5路，在宽达12

千米的战线上全面推进。拿破仑立即抓住敌人的弱点，以主力向敌人侧翼和后方反击，联军被切成两段，左翼被迫退到一个冰冻的湖面上。法军用炮火猛轰湖面，很多人淹死在湖中。联军损失三万多人，法军只伤亡八千余人。只此一战，第三次反法同盟宣告瓦解，拿破仑也赢得了欧洲第一名将的美称。

1806年，又一个欧洲强国普鲁士向拿破仑挑战，组成第四次反法同盟。结果拿破仑在10月14日一天之内同时打赢了两次战斗，取得了耶拿战役的胜利，轻而易举地进入了柏林。诗人海涅曾经说过："拿破仑一口气，吹去了普鲁士。"此后，拿破仑又击败了第五次反法同盟。拿破仑统治欧洲的野心在不断的胜利中膨胀。他不顾多年战争给人民带来的痛苦，1812年出动51万大军远征俄国。寒冷广阔的俄罗斯平原成了法军的坟墓。当2万名残兵败将退出俄国时，反法同盟又一次组建起来。大伤元气的拿破仑无力回天，1814年，他被流放到厄尔巴岛上。但他并不甘心失败。1815年3月，他趁列强在维也纳会议上争吵不休之机从流放地逃脱，重回巴黎掌权。奥、俄、普、英等国迅速集结大军，于6月18日在滑铁卢战役中打败了拿破仑。拿破仑被迫第二次退位，被流放到圣赫勒拿岛上。拿破仑战争前期主要是反封建民族战争，具有进步性；后期转变为掠夺、奴役其他民族的战争。

拿破仑趣闻轶事

（1）"赠送玫瑰花"

拿破仑 1797 年 3 月在卢森堡第一国立小学演讲时说了这样一番话："为了答谢贵校对我，尤其是对我夫人约瑟芬的盛情款待，我不仅今天呈上一束玫瑰花，并且在未来的日子里，只要我们法兰西存在一天，每年的今天我将亲自派人送给贵校一束价值相等的玫瑰花，作为法兰西与卢森堡友谊的象征。"时过境迁，拿破仑穷于应付连绵的战争和此起彼伏的政治事件，最终惨败而被流放到圣赫勒拿岛，把卢森堡的诺言忘得一干二净。可卢森堡这个小国对这位"欧洲巨人与卢森堡孩子亲切、和谐相处的一刻"念念不忘，并载入他们的史册。

1984 年底，卢森堡旧事重提，向法国提出违背"赠送玫瑰花"诺言案的索赔：要么从 1797 年起，用 3 个路易作为一束玫瑰花的本金，以 5 厘复利（即利滚利）计息全部清偿这笔玫瑰案；要么法国政府在法国各大报刊上公开承认拿破仑是个言而无信的小人。起初，法国政府准备不惜重金赎回拿破仑的声誉，但却又被电脑算出的数字惊呆了：原本 3 路易的许诺，本息竟高达 1375596 法郎。经冥思苦想，法国政府斟词酌句的答复是："以后，无论在精神上还是物质上，法国将始终不渝地对卢森堡大公国的中小学教育事业予以支持与赞助，来兑现我们的拿破仑将军那一诺千金的玫瑰花信誓。"这一措辞最终得到了卢森堡人民的谅解。

（2）拿破仑的一句名言

以武力著称的拿破仑也十分重视教育，积蓄智力资源。争破仑年轻的时候，就受到过著名科学家蒙日和拉普拉斯的熏陶，因而他深知学校的价值。他说过："在我们的一切制度中，公共教育是最重要的。现在和未来，一切都得依靠它。"他曾要求议员们"仔细了解在初等、中等学校和国立中学的公共教育情况，查明为什么有些学校成功，有些学校松懈"。拿破仑极为重视教师和学者的作用，尊重教育本身的客观规律。对于在大革命处于生死关头创建起来并发挥重大作用的巴黎理工学校，他更有着特殊的感情。

1804 年 12 月 21 日拿破仑称帝，第二天就在战神广场上亲授理工学校一面旗帜，上写"为了祖国的科学和荣誉！"当时的领旗人、学校首届毕业生阿拉戈，后来成为著名的天文学家。1814 年，俄、奥、普联军兵临巴黎城下。理工学校学生要求参战。面临灭顶之灾的拿破仑却说："我不愿为取金蛋杀掉我的老母鸡！"后来，这句名言被刻在巴黎理工学校梯形大教室的天花板正中心，一直激励着该校师生奋发好学。

拿破仑军事轶闻

（1）我第一个走

马蹄得得，尘土飞扬。一队法国远征军在急速行军，这是在拿破仑征讨叙利亚之后。此时，可怕的鼠疫正在流行，法军中许多人染上了此病。

为了减少疾病的传染，拿破仑对全军下令，必须加紧赶路，并抽调军中所有的马和车辆全部用于载运伤病员，除了严重的鼠疫患者外，其余伤病员要全部随行。

命令下达后，他的管马官想当然地认为总司令无论如何也要留下一匹马骑用，便问道："司令官，您要哪一匹马?"拿破仑一听，勃然大怒，"叭"地给了管马官一记耳光。他大声训斥道："全体步行，我第一个走，难道你不知道命令吗?"

（2）军旗题字事件

在拿破仑征服意大利的曼图亚战役初期，奥军曾一度取得了战场上的主动权，法军被迫停止了攻势。这时，有两个团的法军对继续进行战斗发生了动摇，表现出了严重的畏敌心理，并在惊慌之中放弃了他们的阵地。拿破仑得知此事后，心情沉重地来到这两个团的驻地。两团士兵排列在他的周围，这时，拿破仑开始以悲伤与愤怒的声调对大家讲话，他斥责士兵们不该这样畏敌如虎，更不该丢掉自己的阵地。训完话，他命令参谋长：立即在这两个团的团旗上写上"他们不再属于意大利方面军了"。

士兵们受到他们所敬仰与爱戴的统帅的斥责，羞愧难当，哭着恳求拿破仑对他们的勇气再考验一下，而不要马上让他们蒙受这一终身耻辱。其实，拿破仑早已料到，对属下讲这番话必然会产生巨大的效果。于是他答应了士兵们的要求。果然，在后来的战斗中，这两个团的士兵们英勇杀敌，为整个战役的胜利做出了突出的贡献。

（3）战地图书馆

拿破仑统帅大军驰骋欧洲时，他的帷帐之中总是摆满大批书籍，简直可称得上是一座"战地图书馆"。这批书总量多达千册，其中有宗教书约四十册，叙事诗约四十册，戏曲约四十册，历史类约六十册，小说约一百

册，此外还有地理、传记、回忆录等。他选的都是小开本书，印刷清晰，纸张很薄，便于携带。书箱也相当讲究，里面衬着天鹅绒。

图书是拿破仑指挥作战的重要资料。1812年远征俄国时，他对俄国的地理，尤其是立陶宛的交通、湖沼、河流、森林等情况的了解，主要是借助于查阅利亚立巴尼亚的地方史著而获得的。至于对俄军情况的掌握，除了必要的情报外，还得益于他对英国威尔逊、法国普罗梭等人论述俄国陆军的著作的阅读。如果谁事先能知道拿破仑在收集、研读哪方面的书籍，便不难猜出他要向哪里进军了。

1812年，拿破仑兵败莫斯科，那些弃下的书落入哥萨克兵之手，并被践踏得片纸不留。1815年，拿破仑从厄尔巴岛的幽禁中逃回巴黎后，还曾为寻找丢失的图书费尽了苦心，纷乱中他仍能清楚地记得丢失的是哪些书。

(4) 一起喝汤

据说滑铁卢战役之后，拿破仑曾经把这次大战的失败，归咎于他"很久没有和士兵一起喝汤"。这个听起来有些滑稽的结论，史学家们未必会赞成，但就拿破仑本人来说，也许的确是发自他内心的一种自责。拿破仑一向比较注意亲近部下。几次历尽艰辛的远征，他都走在风尘仆仆的队列里，置身于枪林弹雨的前线，与士兵同甘苦、共患难。当部队穿越气温高达摄氏五十多度的大沙漠时，他曾命令把所有马匹、车辆拨给伤病员乘用，其余的人一律步行，包括他这位总司令在内；当可怕的"黑死病"在军中蔓延的时候，他不顾被传染的危险，视察设在寺院中的疫病医院，还亲自参加搬运尸体；在食品供应不足的情况下，他和士兵们一起进餐——也就是他所说的"一起喝汤"。

当时的法军士兵之所以作战勇敢，即使处在以少敌众的时刻也不后

退，原因之一就在于他们对自己的统帅有着近乎崇拜的信赖，而这种信赖是靠拿破仑的指挥天才和亲近士兵的行动赢得的。他深知：一旦疏远了士兵，也就失去了最重要的制胜力量。从这个意义上讲，拿破仑的自责，是很值得后人借鉴的。

（5）每分钟120步

1805年的乌尔姆之战是拿破仑军队实施快速运动战的一个典型战例。当时，奥军正在等待10万俄军到达后，联合进攻法国，并估计拿破仑在10月以前无法集结大军，故行动迟缓，疏于戒备。鉴于此，拿破仑把握战机，命令布伦地区的十多万法国急行军向乌尔姆地区开进，行军速度要由通常情况下的每分钟70步提高到120步，于9月26日前抵达指定位置。驻布伦地区的法军接到命令后，不顾风沙和大雨，兼程急进，在俄、奥军会合之前，突然出现在乌尔姆附近，并迅速切断敌交通线，对乌尔姆地区的奥军形成包围之势。奥军猝不及防，外围阵地被迅速突破，数万人被迫投降。

由于法军在此战中以神速行动出奇制胜，故法军将士说，皇帝已经发现了一种新的作战方法，他所利用的是我们的两条腿，而不是我们的刺刀。在拿破仑指挥的作战中，以神速行动而取胜的战例是很多的。因此，曾有人评论说："运动是拿破仑指挥作战的灵魂。"

（6）拿破仑与罐头

拿破仑的军队常常远离国土，转战驰骋于国外。法国军队需要补给大量的肉类、水果和牛奶等食品，但漫长的路程和炎热的天气，使很多食品尚未运抵前线就腐烂变质了。这个与战争胜败息息相关的难题，使拿破仑伤透了脑筋。此后，他通令全国，悬赏奖励发明食物保藏方法的人。

几年后，一名叫阿佩尔的法国人经过反复研究试验，终于在1795年首

次发明了一种热加工保藏食品的方法——他将食物放在用粗麻布包裹的玻璃瓶中，瓶口敞开着，然后放在煮开的沸水中加热，经过一段时间后，再用涂了蜡的软木塞将瓶口堵住，并用金属丝封扎，接着再将瓶子留在沸水中放一段时间。他就用这种方法制造出了世界上第一个最原始的玻璃罐头，罐头里的食品可在室温中保存两个月左右。为此，阿佩尔获得了拿破仑的重赏。阿佩尔发明的保存食物的方法很快在欧洲传开，英国人杜兰德受他的启示，也进行了类似的实验，不过他选用的盛装食物的器皿不是玻璃瓶，而是顶上开个口的马口铁罐。他在把食物加热处理后，再用锡把小孔焊合密封。第一个金属罐头就这样问世了。

后世评价

（1）雨果论拿破仑

失败反把失败者变得更崇高了，倒了的波拿巴仿佛比立着的拿破仑还要更高大些。

拿破仑是战争中的米开朗琪罗。

他是重建废墟的宗师巨匠，是查理大帝、路易十一、亨利四世、黎塞留、路易十四、公安委员会的继承者，他当然有污点，有疏失，甚至有罪恶，就是说，他是一个人；但他在疏失中仍是庄严的，在污点中仍是卓越的，在罪恶中也还是有雄才大略的。（维克多·雨果《悲惨世界》）

（2）列宁论拿破仑

法国大革命的战争起初是民族战争，而且也确实是这样的战争。

这些战争都是革命的；保卫伟大的革命，反对反革命君主国的联盟。

但是，当拿破仑建立了法兰西帝国，奴役欧洲许多早已形成的、有生存能力的民族大国的时候，法兰西的民族战争便成了帝国主义战争，而这种帝国主义战争又产生了反对拿破仑帝国主义的民族解放战争。（列宁《论尤尼乌斯的小册子》，《列宁全集》第 22 卷第 302 页。）

（3）周恩来论拿破仑

时势之英雄，固若是其众也，然非吾之所论于项羽、拿破仑也。夫二氏，世界之怪杰也。具并吞八荒之心，叱咤风云之气；勇冠万夫，智超凡俗；战无不胜，攻无不取；敌邦闻之而震魄，妇孺思之而寒胆；百世之下，犹懔懔有生气，岂仅一世之雄哉！是犹其勇之著于外也。若其关系于世界之进退，人类之盛衰，又非一时豪俊、二三学者所可同日而语。虽以帝王之尊、宗教之力、金钱之势，莫以易之。故二氏者，吾之所谓造时势之英雄也。

（4）罗曼·罗兰论拿破仑

身材短小，颜色黯淡，似乎无底的阴暗的眼，浓厚的黑色髦发。常穿着一件飘荡的黑袍，用一条粗的腰带系住，像进香客一样。不趋时髦，也不遵守社会的狭窄的规矩。在椅子上坐不舒服，却常常盘膝在矮凳上，或栖息在窗台里；时而活泼狂笑，时而沉没在犹豫里。总之，一个活在梦里的大梦想家。

（5）利德尔·哈特论拿破仑

三十年的时间过去了，又一个"伟大战争"的序幕才开始揭开。拿破仑·波拿巴的天才使这场战争大放光彩。如同上个世纪一样，法国对欧洲其他国家造成了严重威胁，使得这些国家又联合起来同它对抗。不过，这

一次战争的发展却与过去有所不同。革命后的法国曾经有许多的同情者，但他们既不是各国的政府当局，也不能控制本国的军队。法国在独个地开始战争的时候，是被迫与其他各国隔离着的，好像是害了传染病一样。然而，法国不仅打败了那种想要把它置于死地的联合势力，而且在革命以后形成了对欧洲其他各国的严重军事威胁，并且最终成了主宰欧洲很大一部分地区的主人翁。（利德尔·哈特《战略论》）

（6）马克思与恩格斯论拿破仑

拿破仑是充分表现了1780年新形成的农民阶级的利益和幻想的唯一人物。农民阶级把他的名字写在共和国的门面上，宣布要对外国进行战争，在国内要为自己的阶级利益进行斗争。

拿破仑在农民眼中不是一个人物，而是一个纲领。

他们举着旗帜，奏着音乐走到投票箱跟前去，高呼："打倒捐税，打倒富人，打倒共和国，皇帝万岁"。

隐藏在皇帝背后的是一个农民战争。（马克思《1848年至1850年的法兰西阶级斗争》，《马克思恩格斯全集》第7卷第50页。）

拿破仑最大的错误就在于：他娶奥国皇帝的女儿为妻，和旧的反革命王朝结成同盟；他不去消灭旧欧洲的一切痕迹，反而竭力和它妥协；他力图在欧洲帝王中间取得首屈一指的声誉，因此他尽量把自己的宫廷搞得和他们的宫廷一样。他降低到了其他帝王的水平，他力图得到和他们同样的荣誉，拜倒在正统主义原则之前，因此很自然，正统的帝王们便把篡夺者踢出了自己的圈子。（恩格斯《德国状况》，《马克思恩格斯全集》第2卷第638页）

要是反对拿破仑的战争确实是争取自由、反对暴政的战争，那么结果就应该是所有被拿破仑征服了的国家，在拿破仑垮台之后，都宣布平等的

原则，享受到平等原则带来的幸福。但是事实恰恰相反。

就英国方面来说，战争是由惊惶失措的贵族发动的，并且得到了财阀的支持。这些财阀找到了取之不尽的利润泉源：接二连三的借款；国债的增长；以及他们有可能渗入南美市场，在那里倾销自己的工业品，夺取他们认为能使自己的腰包塞得更满的、原属于法国、西班牙和荷兰的殖民地。

他们力图使不列颠威镇四海，以便能够打垮其他任何一个国家的贸易，如果这个国家的竞争能够成为他们发财致富的障碍的话。最后，他们竭力维护自己从供应欧洲市场取得巨额利润的权利，和拿破仑的大陆体系分庭抗礼。

至于说法国革命威胁着英国宪法的基本原则这种口实，也只不过表明这种"人类理性的完美创造"无比优越而已。

从西班牙方面来说，发动战争是为了保卫正统的王位世袭和僧侣专制裁判的原则。

◎ 俾斯麦

俾斯麦（1815—1898年），著名军事家、政治家，是1862年到1890年的普鲁士王国首相和第一任德意志帝国宰相（1891—1890年）。1815年4月1日，俾斯麦出生于普鲁士勃兰登堡马克雪恩豪森庄园的容克世家。20岁他从哥廷根大学毕业后担任候补文官，1847年担任普鲁士议会议员。1859年任驻俄公使，1861年改任驻法大使，1862年出任普鲁士首相兼外交大臣。

俾斯麦

在位期间，俾斯麦推行"铁血政策"，主张用武力、通过王朝战争，由普鲁士"自上而下"的实现德国统一，故有"铁血宰相"的称号。1864、1866、1870年俾斯麦先后发动丹麦战争、普奥战争和普法战争，完成了德意志的统一。1871年德意志帝国成立后，兼任帝国宰相，同年参与镇压法国的巴黎公社。1878年10月，颁布"镇压社会民主党企图危害治安的法令"，大肆镇压工人运动。

为了进一步摧毁法国，俾斯麦对外推行"大陆政策"。1873 年促成缔结德奥俄三皇同盟。1879 年，同奥匈缔结军事同盟，1882 年意大利加入，在欧洲形成了第一个军事侵略集团，并开始在非洲、太平洋地区进行殖民扩张。1890 年，因同德王威廉二世意见不合，俾斯麦被迫辞职，1898 年 7 月 30 日逝世。

发动普法战争

普法战争是普鲁士同法国于 1870—1871 年进行的战争，因争夺欧洲大陆霸权和法国企图阻碍德意志统一而爆发。19 世纪中期，在普鲁士领导下，德意志的统一完成了大部分。可是法国皇帝拿破仑三世不愿出现一个强大的德意志，千方百计加以阻挠，普法关系紧张起来。这时西班牙王位空缺，准备迎立一位普鲁士亲王。拿破仑三世马上派使节前往，要求威廉一世阻止这件事。威廉一世表示同意，并给在柏林的首相俾斯麦去电，老谋深算的俾斯麦认为这是挑起战争的大好时机。他把电报内容进行一番戏剧性的修改，使电文充满挑衅性的词句，并且在报界公布。果然，拿破仑三世看到后暴跳如雷。

1870 年 7 月 19 日，法国对普鲁士宣战。普法战争爆发后，法军屡战屡败。9 月 1 日，普法军队主力在法国要塞色当展开决战。堂堂的法兰西帝国皇帝、大名鼎鼎的拿破仑一世的侄子拿破仑三世在普法战争中战败，不得不向普鲁士国王投降。他和自己的元帅、将军以及 10 万士兵一起成了

俘虏。战争初期德意志人民为实现民族统一而战，而战争后期普鲁士王国从自卫转为侵略战争。普鲁士军队占领法国北部之后烧杀抢掠，锋芒直指巴黎。1870 年 9 月 19 日普军包围巴黎。

1871 年 1 月 18 日，普鲁士国王威廉一世在凡尔赛宫加冕称帝，一个强大而统一的德意志帝国诞生了。最终，法国不得不接受以割地赔款为条件的屈辱和约。战争期间，巴黎曾发生巴黎公社革命。

推行"铁血政策"

1862 年 9 月的一天，在普鲁士王国议会的大厅里，议员和内阁成员们正在脸红耳赤地辩论着一个重大问题：怎样才能由普鲁士来统一德意志。原来，许多世纪以来，德意志一直处在四分五裂的封建割据状态之中。1815 年以后，德意志境内的 34 个邦国和 4 个自由市，组成了以奥地利帝国为主席的德意志邦联。但是，这个邦联在组织上松懈无力，参加者保持完全的主权，彼此各有各的政府、议会和军队。这就严重妨碍了德意志资本主义的发展，使它在各方面都落后于英、法等先进的资本主义国家。普鲁士是邦联中的一个军事封建大国，因此，不论封建贵族和资产阶级，都想由普鲁士来统一德意志。可就在统一的方式上，大家各说各的，合不到一块来。

正当大家辩论得难分难解的时候，一个前额很高、蓄着八字胡的中年人突然站起来，威严地说道："诸位，德意志的未来在于它的强权和实力。

当前各种重大问题的解决，不是靠演讲和众多的议决，而是靠铁和血！"

大家一看，这个中年人原来是刚被国王任命为首相兼外交大臣的俾斯麦。几个资产阶级议员不禁低声议论起来："铁和血？这不是意味着战争吗？""是呀，用铁和血来对付那些造反的人，倒是非常必要的，但用来统一德意志，那……""不，用铁和血来对付那些造反的人，只能再一次引起国内革命。而用来统一德意志，势必加强国王和贵族的力量。实行铁血政策对我们显然是不利的。"

一名议员冲着俾斯麦冷冷地说："首相阁下，您就职才一个星期。我希望您尊重议会的权力。如果政府方面再次要求增加军事预算，议会将再度否决！要是您一意孤行，那么议会有权罢免您！"俾斯麦嘿嘿冷笑道："议员先生，您错了。我们这里不是英国。我们这些大臣是国王的奴仆，而不是你们的奴仆。我将坚决奉行铁血政策，并将不顾议会的议决而进行军事改革！"

俾斯麦是坚决维护普鲁士贵族地主利益的政治家。他从小就拥护君主主义，每逢节日，都要到那些披甲戴盔的祖宗画像前，聆听家人讲述家谱。1848年柏林爆发革命，群众队伍包围王宫，他得悉后在自己领地组织军队，准备援救国王。后来他竭力主张将普鲁士的专制统治扩大到整个德意志，因此深受国王赏识。俾斯麦就任首相后，看穿了这些资产阶级议员只会在议会里吵吵嚷嚷，没有实力来对抗政府，所以敢于如此奚落议会。后来，他果真一脚踢开议会，加紧扩军备战，准备用武力来统一德意志。从此，人们就管他叫"铁血首相"。

野心勃勃的俾斯麦，首先拉拢邦联中的另一大国奥地利，向丹麦升战。1863年末，丹麦合并了德意志邦联的成员国施勒斯维希公国。次年2月，俾斯麦乘机和奥地利结成联盟进攻丹麦。丹麦根本抵挡不住这两个强

敌，不久就被打败。普鲁士就此占领了施勒斯维希公国，而奥地利占领了另一个小公国。

接着，俾斯麦掉转枪口，向不久以前的盟国奥地利发动战争。俾麦斯深知奥地利是个劲敌，不能掉以轻心，所以在开战前三次亲往法国，用甜言蜜语稳住了法国皇帝拿破仑三世，假意许诺说，打败奥国后让法国取得一份"领土报酬"。不久，又与意大利结成军事同盟。做好了这些准备，俾斯麦于1866年6月，下令普军侵入奥地利不久前占领的那个小公国。奥军统帅部决定以二十八万余名军队去对付普鲁士军。普军仅二十五万余人，但装备比奥军要好得多，拥有当时最先进的从后膛装弹的撞针击发枪。

7月3日，双方在捷克的萨多瓦村附近决战。俾斯麦投入大量兵力，自己还带上毒药，准备孤注一掷，如果失败了就自杀，结果普军大获全胜。十天后，普军逼近奥地利京城维也纳。有人提出一项计划：让普军彻底打垮奥地利，高唱凯歌进入维也纳，这样可以迫使奥地利割让更多的领土。老谋善算的俾斯麦估计到法皇拿破仑三世会出面干涉，再说他准备在必要时再利用奥地利，所以没有采纳。

根据和约，奥地利将四个邦国和一个自由市并入普鲁士版图，并宣布退出德意志邦联。第二年4月，普鲁士统一了德意志北部。这时只剩下南部4个紧邻法国的邦国仍旧保持着独立。拿破仑三世不愿德意志强大，竭力阻碍这四个邦国统一于德意志。于是，俾斯麦决心与法国一战，可是他还要寻找机会。

普奥战争结束不久，法国驻普鲁士大使拜会俾斯麦，要求他实现"领土报酬"的诺言，同意法国并吞卢森堡和比利时。对卢森堡，俾斯麦没有认可。而对比利时，他也不置可否，只是要大使把法国的要求写成备忘

录，以便呈交普王作最后决定。法国方面不知俾斯麦有诈，马上照办了。不料俾斯麦拿到备忘录后，立即把内容透露给对欧洲有野心的英、俄两国，挑起它们与法国的矛盾。拿破仑三世闻讯后，肺都气炸了，决心同普鲁士决一雌雄。

接着，又发生了一件导致法国与普鲁士交战的事：1870 年 7 月 1 日，欧洲各国报纸上刊登一条消息：西班牙国王死后没有人继位，准备迎请普鲁士国王的堂兄去当国王。原来，这也是俾斯麦派人活动的结果，企图使法国腹背受敌。拿破仑三世见这件事对自己十分不利，非常恼怒。他的外交部长扬言道，要跟那个敢于派人去登西班牙王位的国家开战。

7 月 13 日，俾斯麦正在举行家宴，忽然接到普王从避暑地拍来的一份急电。电报说，法国大使特地晋见普王，说奉拿破仑三世之命，要求普王保证他的堂兄永不继承西班牙王位。普王予以拒绝，但同意普、法两国就此事在柏林举行谈判，所以特地打电报通知俾斯麦。俾斯麦读完电文，顿时喜形于色，当即问在场的参谋总长毛奇："将军，请您回答我：对法作战能否获得全胜？"

毛奇蛮有把握地说："它将肯定与对丹麦和奥地利的战争一样，取得全部胜利！""好，您的回答坚定了我的意志！"俾斯麦说罢，拿起笔来，删去了电文的最后一句话，把它改为："国王陛下以后拒绝接见法国大使，并命令值日副官转告法国大使，陛下再也没有什么可谈的了。"改完后，他得意洋洋地说："这下法皇可受不了啦！"

毛奇看后哈哈大笑，说："首相阁下，您把退却的号音，变成了进攻的雄壮的喇叭声！"俾斯麦又征求了陆军大臣的意见，随即命令副官将这修改过的电文在报上公布。这一下，果真惹怒了拿破仑三世。7 月 19 日，法国向普鲁士宣战，普法战争爆发。战争以法国失败而告终。当年年底，

南部四个邻近法国的邦国也归于普鲁士控制之下。

1871 年 1 月，普王自封为德意志皇帝，统一的德意志帝国宣告成立。俾斯麦被任命为帝国宰相。俾斯麦用铁和血结束了德意志的封建分裂局面，完成了德国的统一，这在历史上是进步的。但从此以后，德国逐渐走上军国主义道路，成为世界战争的一个策源地。

铁血宰相的由来

1862 年 6 月，俾斯麦出任普鲁士的宰相兼外交大臣。同年 9 月，在普鲁士议会的首次演说中，他大声宣称："德国（注：这里指德意志）所注意的不是普鲁士的自由主义，而是权力。普鲁士必须积聚自己的力量以待有利时机，这样的时机我们已经错过了好几次。当代的重大问题不是议论和多数人投票能够解决的，有时候不可避免的，要通过一场斗争再解决，一场铁与血的斗争。"俾斯麦的"铁和血"，是他统一德国的纲领和信条，他的"铁血宰相"的别称也由此而得名。俾斯麦正是凭靠这种暴力，大胆而又狡猾地利用国际纠纷和有利时机，决定性地使德国通过"自上而下"的道路统一起来。

从政前的俾斯麦 1815 年 4 月 1 日出生于普鲁士雪恩豪森一家大容克贵族家庭，他的童年是在他父亲的庄园里度过的。大学期间，他曾与同学作过 27 次决斗。1835 年于柏林大学毕业后，俾斯麦回到老家管理自己的两处领地。强壮的体格，粗野的个性，对待农民的残忍，追求目标的毅力和

不择手段以及现实主义的态度，构成俾斯麦鲜明的性格特点。

退出政坛

在 1888 年 3 月 9 日，威廉一世逝世，其子腓特烈·威廉继位，称为腓特烈三世，但在即位 99 日后随即病故。结果其子威廉二世继位，时年 29 岁。这位年少气盛的少年皇帝不甘受制于俾斯麦，因此与俾斯麦在很多问题上出现分歧。而当时俾斯麦已达 73 岁高龄，更执政了长达 26 年。结果在一系列权力斗争中，俾斯麦渐明了兔死狗烹的道理，感到心灰意冷，在 1890 年 3 月 18 日向威廉二世呈辞，正式下野。

俾斯麦下野之后，长居于汉堡附近的弗里德里希斯鲁庄园，并著有回忆录《思考与回忆》。最后在 1898 年 7 月 30 日，这位名震天下的铁血宰相俾斯麦悄然离世，享年 83 岁。

俾斯麦是德国近代史上一位举足轻重的人物。作为普鲁士德国容克资产阶级的最著名的政治家和外交家，他是"从上至下"统一德国的代表人物，其一生正是德国从封建专制社会过渡到资本主义，再走向资本主义列强的重要历史时期。俾斯麦本人虽然退出了历史舞台，但他的"铁血"政策却深深地影响了以后的德国历史。

◎ 加里波第

加里波第（1807—1882 年），意大利民族统一运动的领袖，军事家，他为驱逐外敌和统一祖国立下不朽的功勋，与马志尼、加富尔合称意大利"统一三杰"。

1807 年，加里波第出生于一个海员家庭，幼年机智勇敢过人，早年当过水手和船长。1833 年，他受马志尼派遣在意大利策划起义，失败后流亡法国，被缺席判处死刑。后来他在南美参加了当地人民反对独裁者的战斗，因赫赫战功声名远扬。

加里波第

1848 年，加里波第回意大利参加革命，失败后再次流亡国外。1859 年，意大利统一浪潮再次高涨，他组织了"阿尔卑斯山猎人军团"，在对奥地利的战争中取得辉煌胜利。1860 年 4 月，为了支援西西里岛的人民起义，他重新建立"千人团"，解放了整个西西里岛，为意大利统一大业的完成做出杰出的贡献。

第一国际成立后他宣布拥护第一国际的事业。普法战争爆发后，他率志愿军到法国同普鲁士作战。战后回到加普立拉岛安度晚年。1882 年 6 月 2 日与世长辞。马克思曾评价他"既具有一颗火热的心，又兼有某些只有在但丁和马基雅维里身上才能发现的灵敏的意大利天才"。第二次世界大战后期，意大利反法西斯游击队曾以民族英雄加里波第的名字命名。

加里波第和红衫志愿军

1871 年 3 月 26 日，世界上第一个无产阶级政权——巴黎公社举行了选举。一位远在千里之外的意大利人缺席当选为国民自卫军中央委员。他就是意大利历史上最富传奇色彩的革命家——朱塞佩·加里波第。

深夜的海港，静悄悄的，只听见波涛拍岸的"沙！沙！"声。两艘旧船一皮蒙特号和伦巴底号，隐隐地停在意大利热那亚城外的港口，似乎在等待着什么特殊的使命。"快！整队上船！"一位满脸络腮胡子的中年人轻轻地下达了命令。1100 名身穿红衬衫、头戴阔边帽的意大利革命者，迅速登上轮船。

"为解放西西里岛的同胞，为意大利的统一，前进！"那中年人站在船头昂首挥掌高呼。轮船像飞一样地顺着潮流向第勒尼安海驶去，消失在漆黑的海洋里。这事发生在 1860 年 5 月 6 日凌晨。那位率领"千人红衫志愿军"的革命者，名叫加里波第。他生于 1807 年，水手出身，青年时参加"青年意大利党"反对外国占领者的起义。失败后逃亡拉丁美洲，组织

"意大利军团"，参加当地人民的起义。1848年回国，成为意大利统一运动的一位领导者。

当时，意大利分裂为许多小国。北部的几个小国被奥地利占领，南部的西西里王国被西班牙占领，中部归属于罗马教皇。只有西部的撒丁王国，才是意大利许多小国中比较强大的国家。所以，意大利的统一，是与民族独立分不开的。5月10日子夜，大海一片漆黑。突然，在前方发现了点点火光。船上的红衫志愿军战士纷纷涌上甲板，齐声欢呼起来："到了！祖国的宝岛——西西里！"

加里波第激动万分，立即召开军官会议，商讨登陆计划。这时，有条很小的渔船迎风驶来，一位渔民举着灯火连连摇晃，原来是西西里岛起义人民的情报员来了。加里波第马上请他上船。这个渔民说，马尔萨拉港的两艘军舰已离港外出巡逻，港内空虚，正好登陆。加里波第立即发布命令开船。两小时后，也就是在5月11日的凌晨，安全进港。

西西里岛的起义者听到红衫志愿军前来支援，兴高采烈地赶到码头去欢迎。长期分离的同胞见面了！兴奋的劲头真不是语言所能形容的。突然，炮声响了，西班牙的军舰回港来捕捉革命者了。正当革命者准备战斗的时候，炮声又沉寂下来。这是为什么呢？原来，港内有两艘英国商船，他们一提出抗议，西班牙军舰只好灰溜溜地跑了。

当地人民一致拥护加里波第做西西里的领袖。他们手拿鸟枪、大刀来参加革命部队。红衫军的队伍扩大了，加里波第下令向西西里岛的首府巴勒摩进军。进军的道路上有一座梯形的高山，山上有两倍于革命军的敌人把守。当时正值夏季，烈日炎炎，刚凑集的队伍经不起长期消耗。于是，加里波第决定立即进攻。革命者不怕牺牲，奋勇爬山，几乎不用子弹，全凭肉搏，用刺刀去同敌人拼杀。敌人都是些怕死鬼，一见革命军猛冲猛打，吓得转身就逃。很快，就攻克了这座高山。

巴勒摩就在眼前了。在西边的入口处有两万敌军坚守。加里波第先用一支小部队正面佯攻，把敌人引出堡垒、同时，带领大部队向南迂回，在夜间穿过崎岖不平的山路，直插巴勒摩的后方。5月27日凌晨，天还没亮，总攻就开始了。红衫志愿军和当地的游击队出其不意地攻进城内。敌人在城内妄图顽抗，巷战持续了两天两夜。西班牙占领军和西西里的反动军队死的死，降的降，革命者获得全胜。

为了不让敌人有喘息的机会，当年8月，加里波第指挥部队渡过海峡，登上意大利内陆，向两西西里王国首都那不勒斯进军。这时，登陆的红衫志愿军已经不是1100人，而是1.1万人了。他们在当地人民的支持下，很快就打到那不勒斯的城郊。9月6日，两西西里王国的国王逃出那不勒斯。加里波第等不到大部队入城，就带了两名军官首先进入那不勒斯。满城人民热烈欢呼，载歌载舞，夹道迎接这位意大利独立运动的领袖。

这时，撒丁王国的部队从西向东进发，在教皇区与加里波第的军队相遇，阻止革命部队前进。双方通过谈判，并经过全体公民的投票表决，决定将撒丁和两西西里合并，成立意大利王国。加里波第表示，愿为意大利的统一放弃一切报酬和地位，回到自己的乡下去；同时还表示，如果祖国需要，他一定再组织志愿军为祖国服务。

1860年11月初的一天，意大利新国王厄马努埃尔（原撒丁国王）和统一运动领袖加里波第并肩骑马进入那不勒斯，携手在大街上前进。那不勒斯全城轰动，人们怀着幸福和激动的心情，欢庆意大利统一和独立的初步实现。意大利王国成立以后，1866年从奥地利手中收回威尼斯，1870年又收回了教皇辖区。从此，意大利全境统一，定都罗马。

意大利独立战争造就了杰出代表人物，其中首推加里波第。加里波第

在战前通过一系列军事实践活动，获得了丰富的经验。在三次独立战争中，他指挥若定，多次打败兵力上占优势的敌军，取得辉煌战绩。他善于发扬革命军队的政治优势，深入敌后开展游击战，积小胜为大胜，为意大利统一作出了巨大的贡献，后人称他为"现代游击战之父"是当之无愧的。他在军事实践中创立的一整套战略战术，是意大利乃至全世界人民宝贵的精神财富。

隐退的加里波第一直闲居在卡普雷拉岛，不再担任任何官职，但他仍是意大利政坛的风云人物。1874 年，他的小说《千人军》出版，首次印刷即获稿费 21000 里拉。加里波第向来对金钱没有兴趣，只靠一点养老金生活，人们不禁想到，如果他当年叱咤风云时稍有私心，也不至于沦落到如此地步。后来，巴勒莫市政府通过决议，每年拨给加里波第 3000 里拉作为养老金，意大利参议院也批准自 1875 年起，每年从政府利息中提取 5% 给加里波第作为生活费，但他一概拒绝。只是到晚年，加里波第经济拮据，不得不出卖自己的勋章时，他才极不情愿地接受了政府的补助。

在意大利，加里波第是一个万众敬仰的人物，人民不允许对他进行任何诬蔑。1879 年，一个叫乔万尼·吉诺·费兰佐纳的记者曾写了两本册子《加里波第的政治色彩》和《忘恩负义的加里波第》对加里波第进行人身攻击，结果该记者于 4 月 19 日遇刺身亡。最后还是加里波第亲自发起募捐，为费兰佐纳的遗孀筹集了抚恤金。

1882 年 6 月 5 日，加里波第在卡普雷拉岛因病去世，整个世界为之动容。一直到 20 世纪 80 年代，在他的墓碑两侧，每天都有意大利海军战士持枪守卫。

◎ 圣马丁

圣马丁（1778—1850年），阿根廷民族英雄，南美南部独立战争领导人。1778年2月25日生于西班牙殖民地阿根廷的土生白人家庭。圣马丁的父亲曾任亚佩尤的副都督，在西班牙参加过反对拿破仑占领军的战争。圣马丁不但有丰富的军事指挥经验，而且有远大的理想。1785—1789年圣马丁就读于马德里，博览群书，卢梭、伏尔泰、孟德斯鸠、狄德罗、霍尔马赫等启蒙思想家的著作对他的影响很大。

圣马丁

1791年圣马丁随西班牙军队在非洲同摩尔人作战，1798和1801年分别与英军和葡军作战；1808年以后，他在西班牙抗击拿破仑的民族战争中晋升为少校，后加入秘密革命团体"劳塔罗"。1810年拉普拉塔发生"五月革命"，开始独立战争。1812年初，圣马丁返回祖国投身革命。1813年底，他被任命为北方军司令，击退了殖民军的反扑。

为了消灭秘鲁总督区的殖民军主力，保证拉普拉塔乃至南美洲整个地区的独立运动取得胜利，圣马丁主张穿越安第斯山，首先解放智利，然后联合智利爱国军从海路去解放秘鲁。为此，他辞去北方军司令职务，于1814年任库约省省长，以门多萨城为练兵基地精心训练一支约有五千人的"安第斯军"。他采取解放黑奴，与印第安人结成同盟等措施发动广大群众。

1817年1月，圣马丁率安第斯军翻越安第斯山向智利进军。1817年2月14日解放圣地亚哥。1818年2月12日智利宣告独立。1820年以智利为基础，组成一支约四千五百人的"解放秘鲁军"。8月从海上进军秘鲁，9月直指利马。1821年7月28日秘鲁独立，圣马丁被推举为秘鲁"护国公"。1822年7月26—27日，圣马丁与玻利瓦尔在瓜亚基尔会见。9月22日他悄然引退。1824年4月20日他到法国隐居。1850年8月17日逝世。

阿根廷民族英雄

1850年曾为拉丁美洲人民的解放立下不朽功勋的圣马丁在法国病逝。他在遗嘱中说，不要举行任何葬礼，"只希望将我的心安放在祖国"。1878年，阿根廷政府将他的遗骸迁回国内，安葬在首都布宜诺斯艾利斯大教堂的荣誉墓穴。

何塞·圣马丁是阿根廷民族英雄，西班牙美洲独立战争的杰出领袖之一。他生于阿根廷的一个西班牙官吏家庭。8岁时迁居西班牙，就学于马

德里军事学校。毕业后在西班牙军队中服役。1812 年初，他回到阿根廷参加反对西班牙殖民统治的斗争。他在布宜诺斯艾利斯组织军队，多次打败西班牙军队。为了摧毁在秘鲁的西班牙殖民军主力，圣马丁训练了一支精锐部队。

1817 年，他率军越过安第斯山，首先击溃了智利的西班牙殖民军。1818 年，智利独立。人们准备把国家的统治权交给自己的解放者，但圣马丁婉言谢绝。为了感谢他，智利人民赠送他一袋黄金。圣马丁分文不取，都送到智利首都用于建造国家图书馆。1820 年圣马丁继续北上，次年解放秘鲁首都利马，并被推举为秘鲁国家元首。在执政期间，他宣布废除奴隶制并实行了其他改革。1822 年 7 月，他到瓜亚基尔会晤玻利瓦尔，由于意见分歧，圣马丁悄然引退后侨居法国，直至去世。

年轻时的圣马丁博览群书，卢梭的《社会契约论》、伏尔泰、孟德斯鸠、狄德罗、霍尔马赫等启蒙思想家的著作对他的影响很大。后来，圣马丁投身于推翻殖民统治的解放斗争，他用了两年多的时间，苦心经营，训练了一支主要由黑人和混血种人组成的安第斯山解放军。1817 年初，圣马丁率领远征军 5000 人翻越安第斯山，出其不意地进攻智利的西班牙守军，彻底击溃了敌人。这次胜利在南美独立运动中是有重要意义的，它使南美解放战争由战略防御转入战略进攻。次年 2 月，智利宣布独立。

不久，圣马丁又组织力量，组建了一支规模不大的海军，从海上向秘鲁进军，秘鲁是西班牙在美洲最为坚固的殖民地。1821 年 7 月，圣马丁率军进攻利马，一举成功，利马解放，秘鲁也宣布独立。圣马丁由于做出了巨大贡献，被共和国推为"护国公"。由于圣马丁在南美解放运动中建立了不朽的功勋，他后来担任了阿根廷北方军总司令，还享有"南美洲的解放者"和秘鲁、智利、阿根廷三个共和国的"祖国之父"与"自由的奠基

人""南方的华盛顿"等各种称号。

可以说，没有圣马丁，就没有南美的解放，就没有南美各共和国的独立和自由！但是，正当人们以无限钦佩的心情来庆祝圣马丁的胜利时，圣马丁却主动辞去了阿根廷北方军总司令的职务，要求去一个偏僻的地方——古乐省当省长，在那里，他组织与训练新兵，进军智利。智利解放后，新政府任命他为最高行政长官，他又谢绝了，而他接受的，是当时最重的担子——组织阿根廷、智利联合部队，以攻克殖民者的最后阵地——秘鲁。最后，当他取得了赫赫战功，阿根廷人民准备热烈欢迎他时，他却悄悄地躲开了。

1822 年 7 月 25 日，圣马丁来到瓜亚基尔，与南美洲北部的"解放者"、著名的委内瑞拉革命领袖、政治家、军事家、思想家西蒙·玻利瓦尔会谈，会谈的第二天与第三天，是在绝密的情况下进行的，没有任何第三者参与，只有这两位享誉南美的"南北巨子"。因此，会谈内容也只有他们两个知道。可是，会谈结束后，玻利瓦尔未作任何透露，以后也未作任何回忆，而圣马丁也同样缄口不言，所以，这次秘密会谈在历史上留下了一个永远解不开的谜。

返回秘鲁不久，圣马丁在"第一届国会"上，郑重而严肃地宣布辞去国家首脑和军队统帅的职务，决定不再拥有任何权力。并取下了他身上象征权力与最高荣誉的两色绶带，真诚地对议会成员们说："而今桂冠布满了整个南美洲战场，我的头颅却要躲避最后胜利的桂冠！我的心灵从来没有被甜蜜的感情激动过，然而今天却激动了我的心！对一个为人民的自由、民主、幸福而战的斗士来说，胜利的喜悦只能使他更加诚心诚意地成为使人民享有权利的工具……我异常高兴地见到了国会的成立，在这届国会上，我辞去我所拥有的一切最高权力！我今天讲话的目的只有一个，那

就是，请所有议员先生都不要投我继续执政的选票！"

所有在场的人都非常吃惊，纷纷劝说圣马丁收回辞呈。但圣马丁意志坚决，从各个方面解释了他辞职的原因。不过，人们隐约感到，最主要的原因仍然是瓜亚基尔会议，可是．关于这点，圣马丁只字未提。夜幕笼罩了大地，一切是这样的寂静。也许，圣马丁的心里也如夜晚这样宁静、安详。因为他这个时候正骑在马上，静静地注视着万籁俱寂的夜色。圣马丁骑马悄然无声地离开了利马市，又悄悄地坐船来到智利，随后离开了曾为之奋斗不懈，并付出满腔热爱的祖国。远赴欧洲，去迎接他穷困潦倒的晚年！

◎ 华盛顿

乔治·华盛顿（1732—1799年），美国开国总统。早年当过土地测量员。在美国独立战争中，他任大陆军总司令，为美国的独立作出了巨大的贡献。1789年当选总统，1793年再选连任。由于他对争取美国独立、发展美国经济、建设民主法制和巩固联邦基础所作的贡献，被美国人尊称为"国父"。

乔治·华盛顿

1797年两届任满后，华盛顿拒绝再参加竞选，隐退回乡。此举开创了美国历史上摒弃终身总统制及和平转移权力的范例。

人物生平

1732年2月22日，乔治·华盛顿生于弗吉尼亚的一个种植园主家庭。

他自幼丧父，只继承了少量的田产和10个黑奴。16岁的时候，就去西部作土地测量员，后来又在俄亥俄河流域做过土地买卖，靠着自己的艰苦奋斗，华盛顿成为当地有名的大种植园主。

当时，英法两国为争夺北美殖民地进行了旷日持久的战争，英国为战胜法国，竭力争取北美大种植园主的支持，1754年，弗吉尼亚总督答应把20万英亩土地给参加反法战争的富人，华盛顿积极参加了英国方面对法作战，指挥弗吉尼亚地方武装英勇战斗，屡立战功，协助英军把法军赶出北美。但战争结束后，英国却立刻翻脸，宣布西部土地为王室私产，不准垦殖。这一禁令使华盛顿一下子丧失了3万多英亩土地，从此，他成为英国殖民政策的坚决反对者。

1774年，华盛顿被选为弗吉尼亚的一位代表去参加第一届大陆会议时，就已经成为美国殖民地中最大的富翁之一了。华盛顿不是一位主张独立的先驱者，但是1775年6月的第二届大陆会议（他是一位代表）却一致推选他来统率大陆部队。他军事经验丰富，家产万贯，闻名遐迩；他外貌英俊，体魄健壮（身高6英尺2吋），指挥才能卓越，尤其他那坚韧不拔的性格使他成为统帅的理所当然的人选。在整个战争期间，他忠诚效劳，分文不取，廉洁奉公，堪称楷模。

1775年至1783年美国独立战争时华盛顿任大陆军的总司令，1789年成为美国第一任总统（其同时也成为全世界第一位以"总统"为称号的国家元首），在接连两次选举中都获得了全体选举团无异议支持，一直担任总统直到1797年。

华盛顿早年在法国印第安人战争中曾担任支持大英帝国一方的殖民军军官。之后在美国独立战争中率领大陆军团赢得美国独立，他拒绝了一些同僚怂恿他领导军事政权的提议，而回到了他在维农山的庄园回复平民生活。在 1787 年他主持了制宪会议，制定了现在的美国宪法，并在 1789 年，他经过全体选举团无异议的支持而成为美国第一任总统。他在两届的任期中设立了许多持续到今天的政策和传统。在两届任期结束后，他也自愿的放弃权力不再续任，因此建立了美国历史上总统不超过两任的传统，维护了共和国的发展。之后他便再次恢复平民生活，隐退在维农山庄园。1799 年 12 月在弗吉尼亚的温恩山，他在家中病逝。

领导美国独立战争

1775 年 4 月 19 日，波士顿人民在来克星顿（1775 年 4 月 18 日晚上，驻扎在北美殖民地的英国军队悄悄从波士顿出发，去收缴北美民兵收藏的武器。北美民兵侦查员发现了这一情况，立即骑马把消息报告沿途的民兵。民兵迅速埋伏起来，准备战斗。）打响了反抗英国殖民统治的第一枪，北美各州人民纷纷响应，轰轰烈烈的美国独立战争爆发了。

1775 年 6 月，北美 13 个英属殖民地在费城召开"大陆会议"，华盛顿被任命为大陆军总司令。这时，波士顿义军正和那里的英军激战，华盛顿立即骑马出发，于 7 月 3 日抵达波士顿，他亲临前线指挥战斗，给英军以严重打击。

在战争初期，美军打得非常艰苦，他们中的大多数人是临时招集来的农民，衣服破烂不堪，没有武器，没有受过正规军事训练，根本不像一支军队，另一方面，美军的后勤供应也极度的困难，士兵们经常吃不饱、穿

不暖，有时一连五六天吃不到面包，只好吃马料，在寒冷的冬季，有许多士兵不得不赤脚行军。

相反，他们的对手英军却装备精良，训练有素，后勤供应充足。所以，美军一败再败，纽约等要塞相继失守，到 1777 年 9 月，连首都费城也被英军占领，有些意志不坚的将领竟率兵向英军投降。

在极端严峻的形势下，华盛顿始终忠于北美人民的独立事业，从来没有动摇过。他以非凡的才干，把原来自由、散漫，缺乏组织纪律和统一指挥的美军组织起来，在战斗中锻炼成长，逐步建立了一支强大的正规军。他鼓励美军士兵，号召他们为自由而战，指出：美利坚人是自由的，还是奴隶；我们的田产应当归自己，还是被劫夺、被毁坏；两条路，一条是勇敢地反抗，一条是驯服，正摆在独立军将士面前。

他努力将各州团结、联系起来，共同作战。1777 年 10 月，美军在萨拉托加大败英军，从而扭转了整个独立战争的局面。与此同时，为了孤立英国，美国又多方展开了外交活动，如争取法国等国的援助。1778 年 6 月，法国军舰开进美国，英军被迫从费城撤退，把主攻方向转向南方。1780 年，英军把主力转移到南方港口城市约克镇。法国和美军两路并进，直逼约克镇。法军用海军封锁海港，切断英军海上补给线，断绝了英国军队退路，华盛顿则率部从正面猛攻。

1781 年 10 月，英军统帅康华理率领 7000 名英军在约克镇向华盛顿投降，美国独立战争取得了最后的胜利。至此，美国独立战争中的军事对抗阶段结束。1782 年，签署《巴黎和约》草案。1783 年，英美签署《巴黎和约》，英国正式承认美国独立。

独立战争胜利后，华盛顿解甲归田，回到弗吉尼亚继续经营自己的种植园——维农山庄，在葡萄树和无花果树的绿荫下享受宁静的田园生活。

1787 年，华盛顿再度出山，主持制宪会议，制定了世界上第一部资产阶级成文宪法——《联邦宪法》。1789 年 4 月，华盛顿当选为美国第一任总统。

华盛顿趣事

1777 年，宾夕法尼亚州日耳曼城附近的格曼顿战役打响。弗格森和他的特别部队被美军包围，但弗格森指挥若定。他利用弗格森步枪后膛装弹的结构优势，命令部队采取卧姿射击的全新战术。结果，他们从容突围，无一伤亡。

突围成功后，弗格森看见一个美军官骑马转身离去。他认出那个人就是乔治·华盛顿。他迅速瞄准，准星与缺口的另一端指向了华盛顿的后脑勺。他调整呼吸，平稳地预压扳机……华盛顿并没有察觉死亡即将来临，继续策马离去……此时的华盛顿距离弗格森只有 114 米，完全在弗格森步枪的有效射杀范围内。弗格森清楚，枪响人必倒。但就在这个时刻，弗格森突然收枪起身，命令部队撤退。他放弃了一个改变历史的机会。

为什么弗格森没有开枪？其中比较有代表性的说法就是，当时华盛顿背对着弗格森，英国人的绅士风度使弗格森不愿意从背后射击一个没有准备的华盛顿。不管什么原因，弗格森终究没有射出那颗子弹。具有讽刺意味的是，弗格森在 1780 年 8 月 7 日的国王山战役中，被美军的肯塔基步枪手在 411 米距离上打死。他死后，他的特别部队向美军投降。

华盛顿名言

（1）由于剑是维护我们自由的最后手段，一旦这些自由得到确立，就应该首先将它放在一旁。

（2）先例是危险的东西，因此，政府之缰绳得由一只坚定的手执掌，而对宪法的每一次违背都必须遭到谴责，如果宪法存在什么缺陷，那就加以修正，但不能加以践踏！

（3）我希望我将具有足够的坚定性和美德，借以保持所有称号中，我认为最值得羡慕的称号：一个诚实的人。

（4）在每个国家，知识都是公共幸福的最可靠的基础。

（5）我希望我自己有足够的勇气和美德来保持我以为是所有头衔中最令人羡慕的品质。自己不能胜任的事情，切莫轻易答应别人，一旦答应了别人，就必须实践自己的诺言。

（6）真正的友谊，是一株成长缓慢的植物。如果自由流于放纵，专制的魔鬼就乘机侵入。

（7）友情像一棵树木，要慢慢的栽培，才能成长真的友谊，要经过困难考验，才可友谊永固。

（8）国家之前进在于人人勤奋、奋发、向上，正如国家之衰落由于人人懒惰、自私、堕落。

（9）衡量朋友的真正标准是行为而不是言语；那些表面上说尽好话的

人实际上离这个标准正远。

（10）我对于我们自己内部的倾轧，比对敌人在算计我们，还觉得可怕。

关于华盛顿的纪念物

（1）肖像

在今天，华盛顿的脸庞和肖像通常被作为美国的国际象征标志之一，并也成为了旗帜和国玺的图像。或许最普遍的就是1美元的钞票和25美分硬币上他的肖像了，在1美元钞票上所用的华盛顿肖像是由吉伯特·斯图尔特所画的，这幅肖像同时也是早期美国艺术的重要作品。

（2）雕像

华盛顿和西奥多·罗斯福、托马斯·杰斐逊、亚伯拉罕·林肯等四位总统一起被卡尔文·柯立芝所选上，他们的脸庞被刻在拉什莫尔山的巨大石壁上，成为美国最知名的雕像群之一。

（3）纪念碑

美国的首都华盛顿哥伦比亚特区则以华盛顿为名。华盛顿对于联邦政府哥伦比亚特区的建立有极大关联，也是他挑选了白宫的位置。因此后来建立了华盛顿纪念碑以纪念他，纪念碑也成了华盛顿特区最著名而显目的地标之一。华盛顿也在遗嘱中捐赠了一部分资金，以在当地建立一所大学，而这所大学后来便命名为乔治华盛顿大学也纪念他。

（4）军 舰

美国海军历年来的军舰也有三艘陆续以华盛顿为名。目前仍在服役的是一艘尼米兹级航空母舰—华盛顿号航空母舰。

（5）以名命州

紧邻太平洋的华盛顿州也成为美国唯一一个以总统为名的州。

（6）桥 梁

连接新泽西州和纽约市的桥梁也被命名为乔治华盛顿桥。另外，一种棕榈科属的树木学名也被取名为华盛顿葵。

◎ 纳尔逊

霍拉肖·纳尔逊（1758—1805 年），英国海军上将，被誉为"英国皇家海军之魂"。1811年 3 月 13 日，在里萨海战中，霍斯特上校率领一支 4 艘战舰的英国分遣舰队被数量两倍于己的法国、意大利联合舰队包围。危急关头，霍斯特在旗舰上打出旗语"记住纳尔逊"，让英舰士气大振，一鼓作气打垮了联合舰队。尽管纳尔逊这位领袖已逝世多年，但英国皇家海军却一代代地传承着"纳尔逊精神"。

纳尔逊

海军之魂——纳尔逊

1758 年 9 月 29 日，纳尔逊出生于英国诺福克郡伯纳姆索埔镇。1771年 1 月，12 岁的他作为一名海军军校生加入了英国皇家海军，并到了他舅父沙克林任舰长的舰上当实习生，开始了长达 35 年的服役生涯。纳尔逊勤奋好学，很快便掌握了很多海上技能，成为一名经验丰富而又能干的年轻军官。他比自己预定的目标提前一年通过了皇家海军上尉资格考核，并在1779年成为"欣琴布鲁克"号的舰长，晋升为海军上校，时年21岁。

1797年2月14日的圣文森特角海战让纳尔逊一举成名。那天，英国海军地中海舰队的15艘战舰同西班牙舰队的27艘战舰在大西洋圣文森特角遭遇，展开激战。战斗中，作为分队指挥官的纳尔逊违抗了舰队司令的命令，脱离队形冲向西班牙舰队，拦住其去路。在炮击西班牙战舰后，他亲自率水手登上敌舰展开肉搏。纳尔逊的行动对英国舰队取得圣文森特角海战的胜利起到了关键作用，他因此被晋升为海军少将，并荣获勋爵封号。同年7月，在英国海军进攻西班牙属加那利群岛的战斗中，纳尔逊再度率舰与敌舰进行接舷战，他和部下们用刀剑与敌人展开了搏斗。第一天战斗中，多亏纳尔逊的副官用自己的身体为他挡了两剑，才使他安然无恙。但他在第二天的战斗中被一发流弹击中了右肘，导致右臂被截肢。而早在1794年围攻土伦的战斗中，纳尔逊的右眼就已经被弹片打瞎了。加那利群岛海战不但再次证明了纳尔逊的勇敢和顽强，还体现出部下对于他的无比忠心——他们甘愿为纳尔逊献出自己的生命。

1798年5月，法国派出拿破仑为首的远征军乘坐运输船去征服埃及，由法国海军地中海舰队护航，司令为布吕埃斯中将。布吕埃斯是法国大革命中少数幸存的贵族军官之一。右臂刚刚伤好的纳尔逊奉命追击该舰队和拿破仑的船队。他首先赶到了埃及的亚历山大港，但是一艘法国舰船都没有发现。原来是纳尔逊的舰队航速太快，反而抢在拿破仑前头到了亚历山大（法国船队途中攻占马耳他后于6月29日在亚历山大登陆）。纳尔逊前脚刚走，拿破仑后脚就跟了过来。法国陆军在拿破仑的指挥下迅速登陆攻占埃及，没过多久就取得了金字塔下的大捷。纳尔逊又重新跟了过来，但发现亚历山大港内只有法国运输船，不见军舰。他于是率舰队沿海岸向东航行，终于在尼罗河河口的阿布基尔湾发现了法国海军的战列舰队。法国舰队司令布吕埃斯中将将手下的 13 艘战列舰在虎口状的阿布基尔湾排成了一列纵队，将海湾堵得严严实实，密不透风形成了个铁桶阵，还有路上炮台的支援。铁桶阵内还有四艘巡航舰。布吕埃斯靠着海岸，以逸待劳，满希望以这样严实的防御可以抵住纳尔逊的进攻。倘若纳尔逊是个传统战法的将领的话，这招还算可以，但纳尔逊偏偏从不受那些迂腐的条条框框的传统战法的制约，法国舰队的灭顶之灾即将来临。

　　8 月 1 日下午，纳尔逊率手下的 14 艘战列舰开始进攻（还有两艘巡航舰）。纳尔逊不是先找法国军舰决战，而是首先直取法国设在岸上的炮台。攻击顺利，很快拿下，但一艘英国战列舰受伤被迫搁浅。布吕埃斯这才发现自己犯了重大的错误，他把舰队停得距离炮台太远了，没法支援。到了晚上，他又以为纳尔逊不会打野战，又坚信自己的铁桶阵。然而，他想错了！而且，他的铁桶阵有了疏漏——法舰抛的单锚，在风的作用下，最西边的先导舰居维叶号被吹的向东位移，和海岸间形成了一个军舰长度的空隙（如果往西漂就触礁了）。由于失去了岸炮的掩护，这个空隙成了法国舰队的阿喀琉斯之踵。布吕埃斯本以为纳尔逊会按照传统战法拍成一列纵队和法国的单列纵队交战，但纳尔逊看中了了这个阿喀琉斯之踵，将自己的舰队一分为二插向法国舰队。其中一支分队有四艘战列舰，穿过了那个阿喀琉斯之踵，从法国舰队的内侧猛攻，纳尔逊则率另一只分队猛攻，对法国舰队实施猛烈的同时夹击。纳尔逊的战法使布吕埃斯的如意算盘全部落空，而且由于是逆风，战斗前期后卫舰队根本无法支援。再加上英军官兵训练水平和战斗意志和士气远在法军之上，法军完全被动挨打，战斗结果一边倒，法国旗舰东方号爆炸，布吕埃斯阵亡，十三艘战列舰和四艘巡航舰的两艘（另两艘巡航舰和两艘战列舰逃脱，其中一艘上的法国后卫舰队司令维尔纳夫后来在特拉法尔加海战中担任法西联合舰队司令）不是被毁就是被俘获，死 1700 余人，受伤和被俘超过 3000 人。相比之下，英军仅有两艘重伤，伤亡不到 1000 人。这场光辉的胜利，被称为尼罗河河口之战或者阿布基尔海战，重创了法国海军主力舰队，切断了拿破仑于法国的联系，粉碎了法国占领埃及的企图。拿破仑一年以后丢下手下的部队不管，偷偷逃回法国。埃及的法国陆军于 1801 年向派来大军的英国和土耳其投降。纳尔逊在这次战斗中再次发挥了不顾个人性命安危的大无畏精神，站在危险的甲板上亲自督战，额头负重伤，他还是像往常一样要求不能比水兵优先治疗，不搞特殊。

1801 年，在彻底瓦解俄国、瑞典和丹麦的反英同盟后，纳尔逊被册封为子爵。1803 年 5 月，纳尔逊开始出任地中海舰队司令。

1805 年 10 月 19 日，法国、西班牙联合舰队驶离西班牙加的斯港，企图通过直布罗陀海峡前往地中海，配合拿破仑在意大利的军事行动。得知消息的纳尔逊早已指挥英国舰队守候在加的斯以西的特拉法尔加海域。10 月 21 日拂晓，双方打响了著名的特拉法尔加海战。参战英国舰队有 27 艘战舰，法、西联合舰队有 33 艘战舰。

早上 6 时 20 分，纳尔逊下令"准备战斗"。法、西联合舰队司令维尔纳夫为便于己方能够随时撤入加的斯港，下令舰队 180 度转向。这不仅严重影响士气，而且造成联合舰队的队形陷入混乱。趁此机会，纳尔逊下令发起进攻，他将舰队分为上风和下风两个纵队，分别由自己乘坐的旗舰"胜利"号和科林伍德乘坐的"皇家君主"号担任先导舰。战斗开始后不久，科林伍德的"皇家君主"号率领的下风纵队突入联合舰队阵线，在重伤了法舰"圣安娜"号后陷入重围，情况危急。纳尔逊的"胜利"号立即

从北面发起进攻，袭击联合舰队的中部，将其拦腰斩断。大约12时30分，"胜利"号转至联合舰队旗舰"布桑托尔"号后方，一阵齐射后摧毁了"布桑托尔"号的火炮甲板。法舰"敬畏"号上前援救，同"胜利"号一起脱离了战线，其他英国战舰趁机冲入联合舰队阵线。

法舰"敬畏"号船员接受过良好的步枪射击和登船作战训练，同"胜利"号进行了残酷的接舷战，在甲板上指挥作战的纳尔逊不幸被"敬畏"号上的狙击手击中，身负重伤。但此时英国舰队已经将联合舰队分隔包围，胜败已成定局。"敬畏"号不久后投降。又经过两个多小时的血战后，下午4时30分，联合舰队旗舰"布桑托尔"降下了指挥旗，联合舰队司令维尔纳夫正式投降。

此时，躺在"胜利"号船舱内血流满地的纳尔逊已经奄奄一息，那颗击中他的子弹穿透了他的左肺，射入了脊椎。当得知自己赢得了这场伟大海战的胜利时，他终于闭上了双眼。临终前，他要求剪下一缕自己的头发，和订婚戒指一起送给未婚妻艾玛。"胜利"号上所有火炮随即进行了一次齐射，以缅怀这位英国最伟大的海军将领。

◎ 玻利瓦尔

西蒙·玻利瓦尔（1783—1830年），拉丁美洲著名的革命家和军事家，他曾使委内瑞拉、秘鲁、哥伦比亚、厄瓜多尔、玻利维亚和巴拿马六个国家从西班牙殖民统治中获得独立。人们常称他为"南美的乔治·华盛顿"。玻利瓦尔是南美洲北部地区民族独立战争中最为重要的领导人，也是整个拉丁美洲反抗殖民统治的革命运动中最为杰出的领袖。为了永远纪念这位功勋卓越的革命者，他被授予了"解放者"的光荣称号。美洲有很多城市以"玻利瓦尔"为名字来纪念他。

玻利瓦尔

人物生平

玻利瓦尔于1783年出生在委内瑞拉加斯市的一个西班牙血统的贵族家庭，九岁时成了孤儿。在他成长期间，法国启蒙运动的思想和理想深深地

影响着他。他读过约翰·洛克、卢梭、伏尔泰和孟德斯鸠等哲学家的著作。他非常钦佩拿破仑的才能和勋业，但他对拿破仑称帝反应十分强烈，鄙视其个人野心，并引以为戒，他以后虽然创造了很大的功业，面对人民的拥护，决不称帝，终身认为对他最好的称号就是"解放者"，这个称号比任何帝王都高贵。青年时玻利瓦尔访问过几个欧洲国家。

在欧洲，玻利瓦尔遇到了他的老师罗德里格斯。老师鼓励他积极投身到争取美洲解放的革命中去，并对他说：已经到了把西班牙人赶出美洲的时候了，你应该去完成这件事。玻利瓦尔当即向老师表示："我准备把自己的生命贡献给这个事业。我以自己的人性和生命宣誓，在我没有打碎西班牙束缚着我的祖国的枷锁以前，我的手将要不停地打击敌人，我的心也不会安静。"这些誓言成玻利瓦尔坚定不移的奋斗目标。从此以后，他返回祖国，投身于为独立和自由而斗争的洪流。

1805 年在罗马阿旺丁山顶上他立下了著名的誓言：只要祖国一天不从西班牙统治下获得解放，他就要奋斗一天。1808 年拿破仑·波拿巴入侵西班牙，任命他的胞弟为西班牙政府首脑。拿破仑通过解除西班牙皇家的政治实权，给南美殖民地获得自己的政治独立奋起斗争提供了良好的时机。

1810 年委内瑞拉的西班牙总督被解职，从此开始了反对西班牙统治委内瑞拉的革命。1811 年做出了正式的独立宣言，同年玻利瓦尔成为革命军的一员将领。但是西班牙军队翌年又控制了委内瑞拉。革命领袖弗朗西斯科·米兰达被投入狱中，玻利瓦尔逃往国外。随后的岁月中爆发了一系列的战争，继短暂的胜利而来的是惨痛的失败。但是玻利瓦尔从未动摇过自己的决心。

1819 年出现了转折点，玻利瓦尔率领他的由平民组成的小部军队，跨河流、越平原，穿过安第斯山上陡峭的狭路，对哥伦比亚的西班牙军队发

起了进攻。在那里他赢得了具有决定意义的波亚卡战役（1819年8月7日），使战争出现了真正的转折点。委内瑞拉于1821年获得解放，厄瓜多尔于1822年获得解放。与此同时阿根廷爱国主义者何塞·圣马丁使阿根廷和智利在西班牙的统治下获得了自由，秘鲁获得了解放。两位救星于1822年夏在厄瓜多尔的瓜亚基尔相会。会谈的第二天与第三天，是在绝密的情况下进行的，没有任何第三者参与，只有这两位享誉南美的"南北巨子"。因此，会谈内容也只有他们两个知道。可是，会谈结束后，玻利瓦尔未作任何透露，以后也未作任何回忆，而圣马丁也同样缄口不言。他的军队全部从南美撤出，去法国隐居，所以，这次秘密会谈在历史上留下了一个永远解不开的谜。推断是由于圣马丁不愿与野心勃勃的玻利瓦尔进行权力斗争（这样只能对西班牙人有利），于是决定辞去他的军事统帅职务。到1824年玻利瓦尔的部队已经解放了今日的秘鲁。

1825年玻利瓦尔彻底歼灭了驻守在上秘鲁（今日的玻利维亚）的西班牙军队。玻利瓦尔余年的生涯不免有些逊色。美国的榜样对他的印象颇深，他渴望建立一个新南美洲民族联邦政府。事实上委内瑞拉、哥伦比亚和厄瓜多尔已经形成了一个大哥伦比亚共和国，玻利瓦尔任共和国总统。可惜在南美的离心趋势要比在北美的离心趋势大得多。1826年玻利瓦尔召开泛美会议时，只有四个国家参加了会议。1828年出现了一起暗杀玻利瓦尔的阴谋。1830年委内瑞拉和厄瓜多尔脱离了共和国。玻利瓦尔认识到自己是和平的累赘后，于1830年4月宣布辞职。他被迫离开了故土委内瑞拉，到达了哥伦比亚的卡塔赫纳，一直到于1830年12月病逝。

伟大贡献

（1）领导委内瑞拉独立战争

1810 年玻利瓦尔参加领导委内瑞拉独立战争，为 1811 年共和国重要将领。1810—1812 年，委内瑞拉第一共和国成立，玻利瓦尔因积极革命而成为领导人之一。1812 年第一共和国失败后，他重新组织力量，继续斗争，投效新格兰纳达（即哥伦比亚）解放事业。1813 年，他率领革命军解放了加拉加斯等地区，打败了殖民军，建立了委内瑞拉第二共和国。他号召人民起来战斗，"向可恨的奴役者宣布一场决死战！"正是在这时，他被授予了"解放者"的称号。不久之后，1814 年第二共和国又失败了。玻利瓦尔不得不流亡于牙买加、海地等国家。当玻利瓦尔来到海地的时候，此时的海地已经挣脱法国殖民者的统治而独立了，所以他请求海地总统佩蒂翁支持他的革命斗争。他的愿望满足了，佩蒂翁非常支持推翻殖民地、争取民族独立的活动，当即答应送给玻利瓦尔 7 艘船和大批武器弹药，玻利瓦尔非常感谢，表示要像海地那样，赶走殖民者。

（2）成立委内瑞拉第三共和国

1818 年 10 月，位于奥里诺科河下游的安哥拉徒城热闹非凡，委内瑞拉第三共和国成立了。此时的玻利瓦尔激动异常，现在的革命爱国军队已今非昔比，黑人、农民、手工业者、城市小资产阶级都极力拥护并积极参与了抗击殖民军的斗争，草原牧民也组成抗敌队伍，与他们一道

共同战斗，力量大大加强了。玻利瓦尔信心更强、斗志更坚，他决心率领各阶层人民坚决推翻殖民统治，赢得国家的独立与自主。早在欧洲留学时，他就立下誓言："不打碎西班牙殖民者束缚我的祖国的枷锁，我的心将不安宁。我的手将不倦地打击敌人！"此时此刻，他仿佛已经看到胜利的曙光了。

（3）解放哥伦比亚地区

1819年5月，玻利瓦尔率领2000名革命军经过长途跋涉，他们来到了南美洲西部的安第斯山。他们的目的是突袭新格兰纳达地区的西班牙人并占领这个地区。安第斯山横卧在委内瑞拉和新格兰纳达之间，由委内瑞拉到新格兰纳达的通道早已被西班牙军队占领，玻利瓦尔只好率军走在荒无人烟的崇山峻岭之中。战士们在极端艰险的条件下顽强地走着，有时他们不得不手抓野藤、脚登险石，一个个轮流而过，稍有不慎，便会粉身碎骨，革命军由平原初到山地，因空气稀薄，呼吸困难，不少人走到悬崖峭壁时，头晕目眩，甚至有人一头栽落万丈深渊，为了社会的独立、人民的富强，贡献出了他们宝贵的生命。终于翻过了安第斯山，战士们欢呼雀跃，精神抖擞，准备以更加坚强的力量去打击殖民军。在新格兰纳达的一片高原谷地上，他们突然发现了敌人，玻利瓦尔立刻组织战士们向敌人发动突袭。随着"冲啊！"的呼喊声，革命军战士如猛虎下山，冲向敌人。面对从天而降的革命军，西班牙军队惊慌失措，匆忙拿起武器应战。但还未等他们转过身，就被革命军一枪打死了。不少还未明白发生了什么事的西班牙人转眼之间成了革命军的俘虏，其中有不少军事指挥官。这次袭击大获全胜，玻利瓦尔乘胜追击，立刻向波哥大进军。波哥大的西班牙守军顽强抵抗，双方展开了艰苦的鏖战。最后，玻利瓦尔终于取得胜利，占领了波哥大，解放了哥伦比亚地区。

（4）解放南美洲北部地区

至此，南美洲西北部地区获得了解放。玻利瓦尔看到，应该建立更为牢固的革命阵地，组成坚强的抗敌部队，所以 1819 年 12 月，新格兰纳达、委内瑞拉、厄瓜多尔共同成立了"大哥伦比亚共和国"，玻利瓦尔被选为总统和最高统帅。不久，革命军又多次出兵，扫清了委内瑞拉和厄瓜多尔境内的殖民军残余势力，南美洲北部地区得到彻底解放。

大哥伦比亚共和国成立以后，玻利瓦尔仍然致力于抗击殖民军的革命事业。为解放秘鲁，他率军与西班牙军队进行了浴血奋战。1824 年解放秘鲁全境。秘鲁当时是西班牙势力最为顽固的地区，玻利瓦尔经过艰苦的战斗，以巨大的代价才取得了胜利。所以当秘鲁东部（又叫上秘鲁）被玻利瓦尔解放以后，就改名为玻利维亚（以他的姓氏命名），目的是纪念这个国家的解放者。

这是一则有关玻利瓦尔的动人故事，秘鲁取得独立之后，便邀请玻利瓦尔参与商讨草拟宪法的会议。会议之后，秘鲁当局请求玻利瓦尔出任第一任总统，但被玻利瓦尔坚决拒绝。秘鲁当局便送了一百万比索给他，玻利瓦尔默默接受这份赠礼，然后询问秘鲁境内目前共有多少奴隶？回答为大约有三千人。他又问，每个奴隶售价为多少？答曰：身体健壮者大约三百五十比索一个。于是玻利瓦尔便说，除了你们给我的这一百万比索外，我还愿意倾尽我全部，买下秘鲁所有的奴隶。然后放他们自由，如果一个国家无法让每一个国民都享有自由的话，那么我帮助这个国家争取独立，也就没有什么意义了。

后世评价

玻利瓦尔是个非常有野心的人，有时在紧急状态下，他实行独裁统治。尽管如此，当面临选择时，他的个人野心还是服从于全局利益和民主思想，放弃了专制权威。曾有人献给他王冠，但被拒绝。无疑，他认为"解放者"这个称号，对他来说比王冠更重要。

毫无疑问，玻利瓦尔是西班牙属美洲殖民地获得独立的决定性人物。他撰写文章、出版报纸、发表演讲等，为他所领导的独立运动提供理论依据。他不厌其烦地进行募捐，以支持他所从事的事业。他还是独立运动中重要的军事领袖。

但是，如果认为玻利瓦尔是伟大的军事将领，那就错了。他所击溃的军队，不仅规模小，而且组织不完善。玻利瓦尔不是一个军事天才（令人难以置信的是，他从未接受过任何军事训练）。但玻利瓦尔有着摆脱困境的坚强毅力。在每一次遭受挫折时，当其他人试图放弃斗争时，玻利瓦尔都顽强地重整部队，继续战斗。

最有趣的、也是最有意义的是玻利瓦尔与华盛顿两人之间的比较。同华盛顿一样，玻利瓦尔率领着一支人数少而且又缺乏训练的部队；资金不足，而且经常需要有号召力的领袖来把部队凝聚在一起。与华盛顿不同，玻利瓦尔生前解放了他所有的奴隶。此外，他试图通过宣言和宪法，积极地在他所解放的地区解放奴隶。然而，他的努力并不成功。玻利瓦尔去世

时，奴隶在这些地区依然存在。

玻利瓦尔有着复杂而又有趣的个性：富于戏剧性、勇敢而又浪漫。他很英俊，有很多情人。他是一位有远见的理想主义者，但他缺乏华盛顿那样的管理才能。他喜欢被人吹捧。他比华盛顿有野心，这对于他所解放的地区是很不利的。另一方面，他对于攫取财富没有丝毫兴趣。进入政界以前，他已经很富有。但在去世时，他一贫如洗。玻利瓦尔从殖民者手中解放出来的土地面积，比美国初期的领土面积大。尽管如此，他的作用仍然不如华盛顿重要，因为美国在历史上的作用，比玻利瓦尔所解放的国家的作用大得多。他曾经说："对我们来说，美洲是我们的祖国，西班牙是我们的敌人，我们的旗帜是独立和自由。""只有团结才能驱逐西班牙人，建立一个自由的政府。"

◎ 朱可夫

格奥尔吉·康斯坦丁诺维奇·
朱可夫（1896——1974 年），苏联
军事家，前苏联元帅。1943 年 1 月
18 日，朱可夫被授予前苏联元帅
军衔，是苏德战争中继斯大林后第
二位获此殊荣的苏军统帅，因其在
苏德战争中的卓越功勋，被认为是
第二次世界大战中最优秀的将领之
一，也因此成为仅有的四次荣膺苏
联英雄荣誉称号的两人之一。他是
一个值得纪念的民族英雄。

朱可夫

1915 年，朱可夫入伍参加第一次世界大战，1918 年加入前苏联红军骑
兵部队，曾在中国担任过军事顾问。1989 年在中国东北边境的哈接哈河战
役中击败日军。1941 年前苏联卫国战争爆发后，任最高统帅部大本营成员
和代表，战时最高副统帅，协助斯大林制定战略计划，直接指挥了一系列
重要战役。

1941 年下半年，德军的进攻使苏军遭受重大损失。战争初期，朱可夫
曾被派往最危急的列宁格勒。朱可夫在那里只用了 23 天就稳定了战线。10

月 6 日被斯大林召回指挥莫斯科会战，朱可夫顽强地组织防御，消耗敌军，取得会战胜利。1942 年 7 月，坚守斯大林格勒的苏军正处于最危险时候，朱可夫和华西列夫斯基赶到前线，及时稳定了局面。9 月 5 日，他指挥实施了"天王星"反攻计划，取得斯大林格勒战役胜利，晋升为前苏联元帅。

1943—1945 年，朱可夫以高超技巧组织并指挥大兵团作战，取得库尔斯克战役、白俄罗斯战役、柏林战役等重大胜利。1945 年 5 月，他代表苏军接受德车投降。第二次世界大战后，曾任苏联国防部部长等职，为苏军现代化建设做出卓越贡献。1966 年获列宁勋章，著有回忆录《回忆与思考》。1974 年 6 月 18 日，朱可夫在莫斯科逝世。

前苏联元帅朱可夫

朱可夫生于卡卢加州斯特列尔科夫卡村一贫苦家庭。朱可夫曾在莫斯科学徒，并于 1915 年应召进入沙俄军队骑兵团。第一次世界大战之中，朱可夫曾因作战勇敢两次获得圣乔治十字勋章，并被提升为军士。十月革命后他加入了布尔什维克。在一次遭遇战中，他是 100 人对 2000 人并且坚守了阵地 7 个小时。得到斯大林的赏识。1918—1920 年他参加了苏俄国内战争，1923 年朱可夫成为团长。1930 年升为旅长。他是新的装甲战争理论的热心支持者，并且他详细的作战计划和对纪律的严格要求也给他带来了名气。

1937到1939年斯大林对军队进行了清洗，装甲战的倡导者图哈切夫斯基被枪毙，其他很多军事将领也入狱，朱可夫却幸运地逃过了清洗，并继续升职。关于这一情况，一般认为是朱可夫的骑兵背景帮助他逃过一劫，当时的前苏联元帅中，骑兵出身的伏罗希洛夫和布琼尼都受到重用，而其他三人均被清洗。

　　1938年日本军队在有前苏联驻军的蒙古国和日本扶植建立的伪满洲国边境制造摩擦，朱可夫被派往边境，组织对日军事部署。1939年5月诺门坎战役爆发，在朱可夫指挥下，苏联军队大量使用装甲兵，进行闪电战似的立体机动作战，最终合围日军，取得胜利。这一战役由于远离欧洲主战场，所以不被人注意，但是这一战役在一定程度上使得日本放弃了北进的意图，而将主要用兵方向定在东南亚，使得前苏联在第二次世界大战中避免腹背受敌的局面。朱可夫因在这次战役中的杰出指挥被授予苏联英雄称号。1940年朱可夫被授予大将军衔，随后被任命为苏军总参谋长。

　　在总参谋长任上，朱可夫主要任务是提出防御德国攻击的计划。随着前苏联的秘密档案的解密，某些历史学家认为朱可夫曾在1941年5月提出先发制人的进攻德国的方案，但是被斯大林否决了。1941年6月22日德军入侵前苏联，苏德战争爆发，战争初期苏军溃败。朱可夫签署了要求前苏联红军立即组织反击的命令，但没有效果。德军长驱直入后，重点进攻基辅。朱可夫经过判断，提出应该撤出基辅，避免被德军合围而引起更大损失。他的这一观点和直率的性格使他与斯大林发生冲突，被任命为预备军司令员，由沙波什尼科夫接任总参谋长。以后的战争进程显示了朱可夫的洞见，如果当时斯大林采纳他的建议，就不会造成基辅战役中66万苏军被围歼的悲剧。

　　而朱可夫在任预备队方面军司令员后，率领该方面军在叶利尼亚地区成功实施了叶利尼亚反击战，粉碎了德军的先头部队。稳定了当地的战线。9月列宁格勒告急。朱可夫被召回莫斯科，被任命为大小营代表，前往列宁格勒，从此开始了他各地协调指挥的序幕，也因此被称为"消防队长"。

朱可夫到达列宁格勒之后，当即中止了正在研究撤退方案的会议，毫不留情地撤换了两个集团军司令，逮捕和处决了一些擅自撤退的军官，并迅速拟定了守城计划。通过自己坚强的意志带动下属，合理利用了有效的兵力进行重点防御与反击，稳定住了防线。10月德军大举进攻莫斯科，朱可夫调回莫斯科代替铁木辛哥组织莫斯科保卫战。12月保卫战结束，德军退出莫斯科周边地区。

1942年夏季，斯大林、铁木辛哥不顾朱可夫反对，强行发起哈尔科夫进攻战役，结果损失惨重，约五十万名官兵被俘，德军前出至顿河河曲和高加索山南麓。朱可夫因此出任最高副统帅，并作为最高统帅部代表被派往斯大林格勒前线。1943年初，与伏罗希洛夫元帅一起作为最高统帅部代表协调列宁格勒方面军和沃尔霍夫方面军突破德军对列宁格勒的封锁，战役胜利后，军衔晋升为前苏联元帅；同年夏季，他作为最高统帅部代表协调库尔斯克战役。1944年朱可夫作为最高统帅部代表协调组织了代号为"巴格拉季昂"的白俄罗斯战役。1945年作为白俄罗斯第一方面军司令率军攻克柏林，于5月8日深夜主持纳粹德国无条件投降仪式，并代表前苏联签字；同年6月24日，在莫斯科红场举行的胜利大阅兵中担任检阅首长。

战后，由于朱可夫战功显赫和自身性格的缺点，朱可夫遭到斯大林的猜忌。1946年索科洛夫斯基接替他任驻德苏军司令，朱可夫就任前苏联陆军总司令。1947年遭到斯大林指责，被派到远离莫斯科的敖德萨军区任司

令员，后来又贬到战略位置更加次要的乌拉尔二级军区任司令员。1953年朱可夫被召回莫斯科，但斯大林随即去世。1953年朱可夫参与逮捕贝利亚的行动，因此成为国防部第一副部长。1955年任苏联国防部部长。1956年朱可夫负责制定了入侵匈牙利的计划。1957年赫鲁晓夫与莫洛托夫、布尔加宁等人发生矛盾，后者在主席团会议上要求赫鲁晓夫辞职，赫鲁晓夫要求召开党中央全体会议。

朱可夫支持赫鲁晓夫，派军用飞机将所有中央委员接到莫斯科，并做了有力的发言指责莫洛托夫等人参与斯大林的清洗运动，从而巩固了赫鲁晓夫的位置。但朱可夫在帮助赫鲁晓夫的过程中，因骄傲的表示："没有我的命令，一辆坦克也别想从原地移动。"赫鲁晓夫随之感觉朱可夫的威胁，趁朱可夫出访之机将他架空，在他回国后以"波拿巴主义者"的莫须有罪名解除了朱可夫的国防部长职务。

赫鲁晓夫下台后，朱可夫才又重新被提起。闲居的朱可夫著有《回忆与思考》《在保卫首都的战斗中》《库尔斯克突击部队》《在柏林方向上》等军事著作，记述了第二次世界大战苏德战场的许多著名战役，并阐述他的军事思想。1974年朱可夫去世，葬于红场克里姆林宫墙下。

苦难生活成就杰出军人

1896年，朱可夫出生于一个非常贫穷的小村庄，家中的房子小得几乎无法容纳一家四口同时居住。朱可夫的母亲是一位强健能干的农妇，父亲

则是靠修修补补贴补家用的鞋匠。正是这种家庭出身，令朱可夫很小就显现出强健的体魄和争强好胜的性格。

11岁那年，为了生计，朱可夫跑到莫斯科做起了学徒。1916年，19岁的他应召加入沙俄军队骑兵团。一战期间，朱可夫因作战勇敢两次获得圣乔治十字勋章，并被提升为军士。参加红军后，在一次遭遇战中，面对2000敌军全线逼近，朱可夫率领手下100余人浴血奋战，坚守阵地整整7个小时。他也因此得到了斯大林的赏识，很快被提拔为团长、旅长、直至将军。

1939年6月，朱可夫升任驻蒙苏军第一集团军司令，指挥苏蒙军队成功地实施了围歼日军重兵集团的哈拉哈河战役，最终粉碎了日军北进的企图。朱可夫因此被首次授予"苏联英雄"称号。1940年6月，他晋升为大将，并被任命为基辅特别军区司令，次年升任苏军总参谋长，成为苏军的首脑人物。

直言犯上经历宦海沉浮

1941年6月22日，纳粹德国突然进攻前苏联，打得苏军措手不及，损失惨重。为了抵御侵略，6月23日，苏联成立最高统帅部大本营，朱可夫成为7名成员之一。是年7月29日，作为总参谋长的朱可夫建议斯大林放弃基辅，全力保卫莫斯科，斯大林厉声说："把基辅交给敌人，亏你想得出！简直是胡说八道！"朱可夫忍不住反驳："斯大林同志，如果您认为我这个总参谋长只会胡说八道的话，您把我的职务撤销好了，把我派到前线去，或许在那里我会对祖国有点用处。"

在场的人都愣了，当时斯大林在前苏联是绝对的权威啊！房间里静得吓人，好半天斯大林才说了一句话："朱可夫同志，冷静些。请你先出去，我一会儿叫你再进来。"朱可夫推门而出。

半个小时之后，斯大林把朱可夫叫到办公室来，说："朱可夫同志，我们方才商量了一下，决定解除你的职务。我想让你到前线去。"朱可夫说："到哪个部队？"斯大林说："你愿意到哪儿？"朱可夫回答："我可以做任何工作，指挥一个师，一个军，一个集团军，一个方面军——只要祖国需要。"

斯大林一听，朱可夫还有气，就说："我从现在开始，任命你为预备队方面军司令员。你准备什么时候去？"朱可夫说："1个小时之后，我离开莫斯科。"

一意孤行的斯大林，最终看到的是基辅战役中66万苏军被围歼的悲剧。而1941年9月6日，朱可夫率领预备队方面军在叶尼亚地区成功地实施了卫国战争中的首次进攻战，粉碎了德军的先头部队，令军心大振。胜利当天，朱可夫打电话给斯大林，汇报战果，可斯大林只说了一句"知道了"就挂了。

9月8日，列宁格勒陷入德军的三面包围之中。9月9日，朱可夫接到到莫斯科开会的命令。斯大林有个脾气，他开会不允许部下迟到，哪怕是1分钟。可当朱可夫赶到斯大林办公室时，已是晚上9点零5分了。他推门进去，当时苏共中央政治局的委员几乎全部在场，朱可夫道歉说："对不起！我迟到了1小时。"斯大林说："不对，你迟到了1小时零5分钟。"但紧接着他面带微笑地说："坐下吧，听听汇报。饿吗？如果饿，边吃边谈。"

作为苏军的统帅，斯大林没有责备迟到的朱可夫，实际上是用这种方式，承认了自己先前的错误。接着，斯大林命令朱可夫到局势危急的列宁格勒去。他说："如果德军占领了列宁格勒，就会进攻莫斯科。那里所有的部队都归你指挥，你需要带谁去就带谁去，你可以在全军挑选你最需要的人。"斯大林的这番话意味着他对朱可夫极大的信任。从这次开始，朱可夫就成为斯大林的"救火队员"了，哪里危急，他就被派到哪里去——从列宁格勒到莫斯科，从莫斯科到斯大林格勒，从斯大林格勒到库尔斯克，一直到最后攻占柏林，朱可夫指挥了卫国战争中几乎所有重大战役，获得了崇高威望，被誉为前苏联"军神"。

朱可夫和赫鲁晓夫间的故事

（1）赫朱密谋

"元帅同志，赫鲁晓夫同志来访。"随从副官向朱可大禀报。"赫鲁晓夫同志来了？"朱可夫一愣，这可是非同小可的事情！虽说他们是老同事，当年朱可夫担任基辅军区司令员时，赫鲁晓夫兼任该军区的军事委员，军政两个一把手相处得相当融洽，私交也很好。可是今非昔比，赫鲁晓夫已是苏共中央第一书记了，怎么会突然光临一名副部长的别墅？

"他在哪里？"朱可夫急切地问。"在大门口。"副官回答。朱可夫二话没说，匆匆走出大门去迎接。"您好呀，尼基塔·谢尔盖耶维奇（赫鲁晓

夫的名字与父名，这种称呼，在俄国的习惯中算是尊称）！""您好呀，格奥尔基·康士坦丁诺维奇（朱可夫的名字与父名）！"两人见面，亲切地打招呼，热情地拥抱，然后手挽着手，来到后花园的橡木小圆桌旁坐下。警卫献上浓浓的咖啡后，退了下去。

阳历 6 月，正是莫斯科最好的季节，后花园里，各种花儿盛开，蝶儿在花丛中翻飞，蜂儿发出悦耳的"嗡嗡"声，一派和平、宁静的景象。"元帅同志，这种听不到枪炮、炸弹声的和平生活，您过得惯吗？"赫鲁晓夫逗趣地问。"怎么会过不惯呢？我又不是华尔街的战争贩子。"朱可夫也逗趣地答。说罢，两人都哈哈大笑。

他们又说了一会儿打猎、钓鱼和天气之类的闲话后，赫鲁晓夫突然问道："这里不会有窃听装置吧？"朱可夫一愣，知道赫鲁晓夫此行必有重大机密，便连忙回答："绝对没有，您可以完全放心。"那个和眉善目的老头儿倏地不见了，变成了一个两眼灼灼闪光、令人望而生畏的人："贝利亚要篡党夺权，党和国家正处于危急之中！"

朱可夫听了，面不改色："这本在我意料之中，他要不这么干，反倒奇怪了。"赫鲁晓夫面露喜色："您早有思想准备？这就好，这就好！""说吧，要我干什么？"朱可夫是个军人，喜欢来干脆的。

"我和主席团全部——除贝利亚外的 8 位委员都个别谈过了，他们都认为，应该逮捕贝利亚，将其送交法庭审判！问题是：怎样才能将其逮捕呢？克里姆林宫内外全是他的人担任警卫，莫斯科城里驻扎着内务部的两个师，一天 24 小时，我们几个主席团委员都处于他的监视之中，怎样下手呢？"赫鲁晓夫忧虑地说。

"要我逮捕贝利亚？"朱可夫快人快语。"您愿意接受这个任务吗？"赫鲁晓夫试探地问。多年来，朱可夫对贝利亚一直非常反感，对他的迫害军

官、任意捕人、虐杀无辜、飞扬跋扈恨之入骨，今天有这么一个除害的好机会，自然不会放过，便慨然应诺："我服从党中央的命令！"

赫鲁晓夫觉得时机业已成熟，便向朱可夫交底，告诉他：准备在克里姆林宫召开一次主席团会议，在会上把贝利亚抓起来。可是，派准去抓？怎样瞒过克里姆林宫那些内务部的警卫？怎样钳制住莫斯科城内那两个内务师？……一系列难题使赫鲁晓夫感到事情非常棘手，只得求助于朱可夫。

朱可夫，这个征战多年，善于运筹帷幄的元帅，又一次地发挥他的组织和指挥才能，替赫鲁晓夫精心设计了一张逮捕贝利亚的天罗地网。戎马一生的军人不知不觉地卷进了无情的、变幻莫测的政坛斗争漩涡。

（2）虎口拔牙

朱可夫以夏季军事演习的名义，从西伯利亚调来几个可靠的陆军师，驻扎在莫斯科四郊，对莫斯科市内的两个内务师形成包围之势。一旦克里姆林宫内事发，如果内务师胆敢暴乱，陆军的几个师可以立即开进市内，控制首都局势。对于克里姆林宫宫墙内外的内务部警卫，朱可夫则采取"瞒天过海""虎口拔牙"的战法。

先要精心选择可靠的将校组成逮捕小组，朱可夫第一个找的是一位中将。该中将是朱可夫的老乡，他的邻村人。此人忠诚老实，可以信任。当朱可夫把逮捕贝利亚的任务交给他后，不知是该中将神经过于脆弱，还是胆小怕事，伪装避祸，第二天竟然吓得神经错乱。朱可夫无奈，只得派人把这个中将控制起来。

接受这个教训，朱可夫选定5名亲信将校后，不告诉他们任务的内容，只是通知他们怀里揣着不带枪套的实弹手枪，到国防部来执行绝密任务。这5名莫名其妙的将校在接受朱可夫对他们的枪支检查后，又被莫名其妙地塞进两辆装有茶色玻璃的小轿车。由于这两辆轿车是布尔加宁元帅和朱可夫元帅的专车，进出克里姆林宫可以"免检"，5 名将校得以在朱可夫的率领下，乘车长驱直入宫墙，一下子钻进了克里姆林宫的心脏区——苏共中央主席团会议室旁边的休息室。

5 名将校在会议室坐下后，面面相觑，个个心里惴惴不安，不知要他们带枪来到这个神圣的地方执行什么任务。看看面容严肃的朱可夫元帅，想问又不敢问。就在这时，第一书记赫鲁晓夫和国防部长布尔加宁走了进来。一看见他俩进来，将校们赶紧起立。赫鲁晓夫两臂一伸："请坐下。"将校们坐下后，赫鲁晓夫反问他们："知道为什么请你们来吗？""不知道。"将校们回答。"是请你们来执行党中央主席团交给的一项极其重要的特别任务。你们愿意吗？"赫鲁晓夫面色严峻。

"愿意！"将校们异口同声地回答。"好！"赫鲁晓夫满意地点点头，"告诉你们：业已查明，党中央主席团委员、内务部长拉甫连基·贝利亚是帝国主义的间谍，他企图颠覆我们的党和国家。为此，党中央委托你们，逮捕贝利亚！"逮捕贝利亚？！将校们心里都"咯噔"一下，这可是了不得的大事啊！"你们敢不敢？"赫鲁晓夫尖锐地发问。"敢！敢！……"将校们回答得并不整齐。赫鲁晓夫不大满意，又问了一遍："到底敢不敢？""敢！"这次回答得整齐一致。赫鲁晓夫才满意地点点头。

事到如今，已无退路，不敢也得敢。"你们都把武器准备好了吗？"布尔加宁又查问。"都准备好了！"将校们齐声回答。"这样安排，"布尔加宁指着休息室的三个门，"这几道门都通会议室。我们先在会议室里和贝利亚一起开会。会议开到中途时，你们听见电铃一响，就立即分别从这几道门冲进去，逮捕贝利亚！""听明白了吗？"赫鲁晓夫问。"听明白了。"将校们回答。

"这次行动，只能成功，不准失败。如果失败了，"赫鲁晓夫威吓地竖起一个指头，"你们就都成为人民的敌人了！"那还用说？逮捕贝利亚不成，谁也别想活！赫鲁晓夫、布尔加宁走后，朱可夫便作出具体郭署："巴季茨季中将、祖布上校，从第一道门经接待室进入会议室；巴克索夫少将、尤费列夫中校，从第二道门经走廊进入会议室；莫斯卡连柯上将随我从第三道门直接进入会议室。只要听见电铃一响，立即行动，不得有误！现在子弹上膛！"

朱可夫一声令下，将校们一起拔出手枪，"咔嚓"一声，子弹同时上膛。莫斯卡连柯上将手上的勃朗宁手枪却"喊嚓喊嚓"，子弹怎么也上不了膛。朱可夫严厉地瞪了他一眼！莫斯卡连柯急得脸色发白，拼命拨弄。好不容易，才把子弹推进枪膛，并抱歉地解释了一句："枪机歪了。"大家虽没说什么，心里却直埋怨：到这个时候，枪出故障。早干什么去了？莫非是不祥之兆？

朱可夫一挥手："各就各位！"立即，三道门口，都一前一后地站着两名手持短枪、子弹上膛的将校。虽说这些人都身经百战，却谁也没上过这种战场。他们的心在"怦怦"狂跳，手也在微微颤抖。时间似乎凝固不动了。他们有点怀疑起自己的耳朵来了：腿都站麻了，怎么还没听到电铃声？

"丁零……"电铃声终于响起，6个人立即像6支离弦的箭，"嗖"的一声，同时分别从三道门冲了出去！"不准动！朱可夫第一个冲进会议室，用手枪对准了贝利亚。其余5人，眨眼功夫，也都持手枪冲了进来，将与会者团团围住。有几个主席团委员显然不知安排逮捕的具体细节，吓得从座位上跳起来！

"安静！同志们，请坐下。"朱可又安抚着那几个惊慌起立的主席团委员。那几个委员只得茫然地坐了下来。"我命令你们，把帝国主义的间谍贝利亚看管起来！"马林科夫脸色苍白，声音颤抖地说。朱可夫用手枪朝贝利亚眼前一点："举起手来！"贝利亚把手伸向身后去取窗台上的皮包，坐在他身旁的肥胖的赫鲁晓夫突然灵活得像只猴子，一跃而起，一把抓住贝利亚的手，不让他拿到皮包。原来他是担心贝利亚的皮包里藏有手枪。

贝利亚只得举起双手，在朱可夫等 6 名将校的押解下，来到休息室。一到休息室，贝利亚立即恢复了常态，他竟然以克里姆林宫主人的身份招待客人似的对将校们说："坐，坐，同志们！""住口！这里不是由你指挥！"朱可夫严厉呵斥贝利亚。他不能让贝利亚依仗昨日的虎威从精神上来瓦解他的"逮捕小组"。

贝利亚看了朱可夫一眼，目光锐利而阴险。过了一会儿，贝利亚又说："我要上厕所。"朱可夫想了想，命令道："尤费列夫中校，你把他的皮腰带抽掉，裤子上的纽扣全部剪掉，让他用手提着裤子上厕所。""是！"尤费列夫中校立即从口袋里掏出钥匙串，打开钥匙串上的折叠式小剪刀，剪掉贝利亚裤子上的所有扣子，并抽掉皮带。贝利亚只好狼狈地用两只手提着裤子。

"巴克索夫少将，尤费列夫中校，你们俩押送他去厕所。和他一同进去，不能让他一个人呆在厕所里；如果他逃跑，就立即开枪！"朱可夫作严格而细致地交代。虽然此刻贝利亚手无寸铁，但仍然十分可怕：他对克里姆林宫的所有房间和门窗都了如指掌，宫墙内外的警卫又都是他的人，市内驻扎着他的部队。这几名将校是在虎口拔牙啊！

"是！"两位将校端着手枪，如临大敌地把贝利亚押进厕所，一眼不眨地盯着他解完手，再把他押回来。面对如此严密的看管，贝利亚纵有三头六臂，也只能在心里徒唤"奈何"。就这样，6 支手枪从四面八方一直对准

贝利亚的前胸后背，不敢稍有懈怠。直到半夜过后，朱可夫的副官进来报告：已按预定计划，调来50名可靠的军官守卫克里姆林宫，替代了内务部的警卫。朱可夫这才下令把贝利亚押上一辆大轿车，秘密带出克里姆林宫，把他送到离莫斯科650公里的塞洛格夫斯克监狱中，并由朱可夫派重兵严加看守。这次行动后，赫鲁晓夫亲自打电话给朱可夫，高度评价他的贡献，并说："党是不会忘记您的！"——一种冠冕堂皇的私下"许愿"。

（3）勤王救驾

一年零八个月后，赫鲁晓夫得到了"还愿"的机会。1955年2月的一天，赫鲁晓夫把朱可夫召到自己的寓所。"朱可夫同志，您将出任国防部长。"赫鲁晓夫出语不平常。"国防部长？"朱可夫沉吟片刻，"布尔加宁怎么办？""他根本就不是个军人，就让他从事他所熟悉的政府工作吧。"赫鲁晓夫直率地说。

尽管朱可夫外表竭力保持镇静，内心却激动不已：三十余年的军事生涯，多少次的出生入死，终于要攀上军界的顶峰了！几天后，马林科夫被迫辞去部长会议主席职务，经赫鲁晓夫提议通过，由布尔加宁出任部长会议主席。布尔加宁擢升后出现的空缺，便由朱可夫填补了。苏共20大改选中央领导机构时，赫鲁晓夫又越级提拔朱可夫，使他从候补中央委员一跃而为主席团候补委员。

这次提拔，更是一次前所未有的大胆行动。当年斯大林为了不使权力过于集中，按照一条不成文的法律实行党军分权，即掌握军队实权的职业军人，在党内地位不宜过高；在党内居高位的人，不能直接去掌握兵权。一些战功赫赫的元帅，在党内也只是个候补中央委员。至于主席团中的两名元帅：伏罗希洛夫属元老一类人物，已不管军内事务；布尔加宁则根本不是个职业军人，在军内没有实力，拉不起山头。现在赫鲁晓夫打破惯

例，既让职业军人朱可夫执掌全国军权，又提上党内高位，使他在军内集军权、党权于一身；再加上他那显赫的战功，刚毅的性格，雷厉风行的作风，更使他的威望直线上升，在军内成了说一不二的领袖式人物。

朱可夫自然对赫鲁晓夫感激不尽：感激他的信任与提携，感激他的知遇之恩。中国有句古话："士为知己者死。"其实，"将"更是"为知己者死"。朱可夫对赫鲁晓夫感恩戴德，知恩图报，决心全力以赴，努力组建和训练出一支空前强大的军队，莫辜负了第一书记对自己的信任和期望。组建战略轰炸部队；组建具有远航作战能力的海军舰艇编队；创建新兵种——导弹部队；用现代化兵器和核武器装备庞大的地面部队；不断举行规模宏大的陆海空军合同作战演习……

朱可夫终于能够最大限度地在国防军事领域里施展自己的迷人才华了！他还渴望能在将来的一场什么战争中大显身手。可是，命运却阴错阳差地把他引向了另一个没有硝烟的战场。1957 年 6 月，赫鲁晓夫出访芬兰，几个老资格的主席团委员：莫洛托夫、卡冈诺维奇、马林科夫等人，利用商讨列宁格勒建城 250 周年庆祝活动的机会，召开了一次主席团会议。会上，多数主席团委员主张解除赫鲁晓夫的第一书记职务。当赫鲁晓夫从芬兰访问归来参加会议时，他惊讶地发现，自己已处于少数派的岌岌可危的地位。赫鲁晓夫岂肯就此罢休，当即翻动如簧之舌，据理力争。结果是7∶4，连赫鲁晓夫本人在内，只有 4 票拥护赫鲁晓夫。作为主席团候补委员的朱可夫，只有发言权，没有表决权，干着急，帮不上忙。

这时，赫鲁晓夫又提出一个新论点："第一书记是中央委员选举的，只有召开中央全会才能决定第一书记的去留。"朱可夫听了，心领神会，便利用会议休息时间，下达紧急军令：派出军用飞机，把分散在全国各地的中央委员会紧急运到莫斯科来！中央委员们陆续赶到莫斯科后，强烈要

求参加主席团会议。主席团内的"多数派"坚决拒绝。从而在主席团会议上又引发出一场新的争吵："赫鲁晓夫，你把中央委员们弄来，向主席团施加压力，这是分裂党的行为！"莫洛托夫当面斥责赫鲁晓夫。

"搞分裂的是你们！你们瞒着部分主席团委员，事先开了秘密会议！"赫鲁晓夫进行反驳。"你们这是干预主席团作出决定，是不信任主席团的非组织行为！"卡岗诺维奇严厉抨击。"不，恰恰相反，非组织行为的帽子应该戴在你们头上。主席团要对中央委员会负责，你们却把它颠倒过来了！"赫鲁晓夫似乎也言之有理。

伏罗希洛夫急了："主席团开会，还把中央委员弄来捣乱，简直是胡闹！你们何不干脆把坦克开进来！""坦克听我的指挥，没有我的命令，谁也别想调动一辆坦克！"朱可夫站起来，威严地宣告。一个没有表决权的主席团候补委员，在党的最高决策机构的会上，居然"一言重九鼎"，使"多数派"面面相觑，心悸胆寒：他们手里有枪杆子啊！

当朱可夫把107名中央委员运到莫斯科时（当时的中央委员总数是133名），人多势众的中央委员们腰杆子硬起来了，他们不再是请求参加主席团会议，而是在斯维尔德洛夫大厅集会，要求主席团到他们那里去报告：中央到底发生了什么事情？大多数中央委员的强烈要求和朱可夫的枪杆子后盾，使主席团里的"多数派"不敢再对他们置之不理了，只得同意召开中央全会。

在中央全会上，朱可夫发表了强硬有力的演说："我们军队是了解真实情况的。他们，"他直指莫洛托夫等人，"是在篡党夺权，是和贝利亚一样的人物！我们军队决不允许任何野心家篡夺党的权力！……"这等于是代表军队向中央全会表态，让中央委员们明白：枪杆子是支持赫鲁晓夫的。

经过中央全会接连几天的激烈争论后，"赫鲁晓夫派"以压倒多数票击败了"莫洛托夫派"，全会通过决定：撤销莫洛托夫、马林科夫、卡岗诺维奇的中央领导职务，改组了中央主席团。朱可夫因"勤王救驾"有功，晋升为主席团正式委员。百战百胜的元帅在政坛这个新战场上又打了一次大胜仗！

（4）树大招风

啊，原来政坛这个战场并不比军事战场艰险。朱可夫沾沾自喜，陶醉在胜利后的喜悦中。作为主席团的一名正式委员，他深感自己责任重大，不能仅仅局限于在军内起领导作用，还应在党内、在地方发挥重大影响。在中央全会公报发表前两天，朱可夫就迫不及待地在国防部和莫斯科卫戍部队党员积极分子大会上宣布：莫洛托夫等人反党，已经把他们赶下台！

前往列宁格勒参加海军节，在列宁格勒的一些大工厂召开工人群众大会，朱可夫在大会上发表演说，除了批判莫洛托夫等人外，还大谈他自己在列宁格勒保卫战中的功绩："在列宁格勒最危险的时候，我来到列宁格勒指挥作战……我看见列宁格勒人不怕流血牺牲……我协调两个方面军的行动……我组织力量突破了封锁……我对列宁格勒人的英雄主义感到钦佩……"

不断接见外国的代表团，出席同外国部长的会谈……报纸上天天刊登他的照片，他的画像、雕塑如雨后春笋般在全国各地冒出来，比他真人大许多倍的青铜雕像矗立在博物馆的大门前：威武的朱可夫元帅骑在一匹前蹄腾起的战马上，战马的后蹄踏着法西斯德国的卐字旗……他被舆论吹捧成卫国战争的头号英雄，事实上的最高统帅！

"树大招风"，朱可夫的过分活跃，舆论界的夸大吹捧，招来了赫鲁晓夫的严重不安。"假如他一旦野心膨胀，要夺我的权呢？"赫鲁晓夫感到，这样发展下去，后果堪忧，便又悄悄地开始了扳倒朱可夫的活动。他首先

选中了马利诺夫斯基元帅。马利诺夫斯基在战争中也立了大功，在军内有相当高的威信，而且和朱可夫有矛盾。

"马利诺夫斯基同志，我觉得朱可夫同志的工作热情似乎有点过分……"赫鲁晓夫面露不悦之色。机灵的马利诺夫斯基立即嗅出了赫鲁晓夫的不满情绪。这些天来，对朱可夫的扶摇直上，他一直耿耿于怀。遇此机会，自然不肯放过，便旁敲侧击地说了一句："军人嘛，应该把精力集中在军事工作上。"

"他是不是另有想法？"赫鲁晓夫这"想法"一词，显然是"野心"的代名词。"这就很难说了。他这个人，一贯志向很高，不甘居人下。在斯大林领导时期，他就经常不听从斯大林的指挥。"马利诺夫斯基趁机火上浇油。这话又给了赫鲁晓夫新的震动：当年他初出茅庐，尚且敢经常顶撞威望那么高的斯大林。如今羽毛丰满，位高权重，他还能长期甘心听我指挥？不行，不能让他坐大，要及早撤掉他！便试探地问马利诺夫斯基："如果把他换下来，军队会服吗？"

"我看问题小大。军内高级将领大都对他有意见。他伤人太多，而且不分场合，不顾别人的自尊心。尽管他们表面上对他很尊敬，心里并不服，一旦要撤换他，是没有多少人会站出来替他说话的。"马利诺夫斯基的分析似乎有点道理。"对他的处理，如果一旦付诸实施，您能掌握住全国的部队吗？"赫鲁晓夫此话明显是有意于他。

马利诺夫斯基眼睛一亮："只要中央授权，我保证完成任务！"赫鲁晓夫满意地点点头："对此事的议论就到此为止，不要扩散。这只是我个人的一点想法，还要等中央的正式决定。"马利诺夫斯基理解地点点头。军方谈妥了，赫鲁晓夫又把他最信任的科兹洛夫找来征求意见。科兹洛夫，列宁格勒州委书记，这次新提拔的主席团委员，是赫鲁晓夫的头号心腹。

这次赫鲁晓夫发生政治危机的消息传出后，他是头一个赶来莫斯科"勤王救驾"的。赫鲁晓夫已暗暗把他作为接班人培养。

"你对朱可夫看法如何？"赫鲁晓夫有意考考他的政治敏锐性。科兹洛夫沉思片刻后，答道："军事上很一套。政治上嘛，可能不怎么的。""意识上呢？"赫鲁晓夫突出问题的焦点。意识上？科兹洛夫对朱可夫早有看法，觉得此人傲慢、狂妄，自恃功劳大，没把他科兹诺夫看在眼里。如果今后自己一旦接班，朱可夫准是个"难剃的头"，他够摆三朝元老的架子呢！便比较婉转地回答："有点争强好胜，喜欢突出个人。""对，突出个人，搞个人迷信。我们批判了斯大林的个人迷信，他又想搞朱可夫的个人迷信。"赫鲁晓夫顿时找到了朱可夫的"罪名"；对，用"个人迷信"这根棍子把他捅下来。

赫鲁晓夫又亲自登门拜访党的元老米高扬。米高扬此人，长于经济工作，没有当一把手的野心，在历来的党内斗争中，他总是持比较温和的态度，并善于避开政治风险，明哲保身。在前苏联的官场上，曾经流传过这样一则政治笑话：一天，斯大林带着全体政治局委员去郊游。突然，天下雨了，大家都没带雨具，只好冒雨走回别墅。进屋一看，人人都淋湿了衣服，只有米高扬身上是干的。大家看了，都感到非常奇怪。"米高扬同志，为什么雨淋不着您？"斯大林不解地问。"我嘛，斯大林同志，我是从雨缝中穿过来的。"可见他在夹缝中求生的本领何等高明！

这次，元老们全都大反赫鲁晓夫，唯有他表了这样的态："赫鲁晓夫同志有缺点，但也做了不少工作。我相信他会听取同志们的意见，把工作做得更好些。"赫鲁晓夫重新得势后，元老们有的撤职，有的降职，有的名存实亡，坐冷板凳。唯独他，不仅继续掌管全国的经济大权，还备受赫鲁晓夫的尊敬。这不，在朱可夫的问题上，赫鲁晓夫又来向米高扬请教了。

"阿纳斯塔斯·伊凡诺维奇（米高扬的尊称），有个事情我放心不下，希望能得到您的指教。"赫鲁晓夫客气地说。"哪的话呢，第一书记同志，您有什么指示，尽管说就是了。"米高扬态度谦虚，没有一点元老架子。"我觉得朱可夫这些日子似乎在变，变得有点像斯大林了。"赫鲁晓夫把话题往"个人迷信"上引。

"是有点像斯大林，穿着元帅服，扛着元帅肩章，只是身材高点、壮点。"聪明绝顶的米高扬对赫鲁晓夫的话是"开口见喉咙，直透心肝肺"，他是在故意装傻。"不是的，阿纳斯塔斯·伊凡诺维奇，我说的不是外表，而是指内在的东西，指这里。"赫鲁晓夫指指自己的脑袋。"这里怎么啦？"米高扬也指指自己的脑袋，不解地问。他是绝对不肯由自己先捅明说出来的。

"他的思想，个人迷信思想。他也像斯大林那样，搞个人迷信，让人们迷信他、崇拜他。我担心他的言行会损害党和人民的利益。"赫鲁晓夫打着党和人民的旗号。"还小至于那么严重吧，他不具备斯大林的威望，也不具备斯大林的地位，至多不过是喜欢表现个人而已。"米高扬为人还是比较善良的，话说得也比较实事求是。

"当然，目前他还比不上斯大林。"赫鲁晓夫也不得不同意米高扬的看法，"可是，照这个趋势发展下去，会不会有那种危险呢？"赫鲁晓夫这样提出问题，米高扬倒不得不慎重考虑了。从党的利益出发，从政权的巩固和稳定出发，掌握了军权的职业军人又在政治上过分活跃，确实有危险性。何况人会变啊，过大的权力会腐蚀人，朱可夫这种性格的人，掌握了过大的权力，就很难保证他不被权力冲昏头脑。便反问赫鲁晓夫："你想怎么处置他？"

"我想撤掉他的国防部长，您看如何？"赫鲁晓夫说出内心的想法。"安排什么职务？"米高扬考虑得周到：你总得给人家安个"位子"啊！

"让他退休算了，年岁也高啦，已经61了。"63岁的赫鲁晓夫当然并不觉得自己年高。米高扬没有立即答话，他思考良久后，微微摇头："这样处置恐怕不妥。他是家喻户晓的英雄，功劳很大啊！在军内外都有很高的威信。这样做，只怕不得人心。"

"您的意思是……安排个什么较低点的职位?""不，是安排个更高的职位。"米高扬口出奇语。"更高的?!"赫鲁晓夫大吃一惊："国防部长已经够高的了，还要更高?""是的，更高。当部长会议副主席，但不兼什么实职。"赫鲁晓夫明白了："您是说明升暗降?"米高扬笑而不答。"有这个必要吗?"赫鲁晓夫还有点舍不得给。"他是全国唯一的一个四次'苏联英雄'称号的获得者，勋章已经挂到肚子上了，给他一个头衔不嫌多，减他一个头衔也不嫌少。挂个'副主席'的空名，于大局无妨，却可以名正言顺地以提拔老英雄为名，拿掉他的军权。这对全国的'朱可夫崇拜者'也好有个交代。既解决问题，又减少阻力，还表现了您的宽宏大量，何乐而不为?"

米高扬的一席话，说得赫鲁晓夫频频点头，口服心服，拜谢而去。赫鲁晓夫又在一些他信得过的主席团委员中串联后，知道已获得绝对多数，稳能通过，便把朱可夫派到外国去访问，撇开他召开主席团会议……

（5）没顶之灾

踌躇满志的朱可夫从南斯拉夫、阿尔巴尼亚访问归来，飞机在莫斯科伏努科沃机场降落。使他感到失望的是，欢迎他的人只有马利诺夫斯基等武装部队的高级军官和较低级的党政官员，与他身份相当的主席团委员竟然一个也没到机场来迎接他。"主席团委员都在开会，他们请您直接去参加会议。"马利诺夫斯基说明了原委后，他才释然。

小轿车把朱可夫送进克里姆林宫。朱可夫一脚踏进会议室，屁股刚刚挨着沙发，主席团委员们的发言便如狂风暴雨裹挟着无数冰雹，向他劈头

盖脸砸来："朱可夫同志削弱党组织在武装部队中的工作……""朱可夫同志企图取消党对军队的领导和监督……""朱可夫同志大搞个人崇拜，到处宣扬、夸大自己的战功……""朱可夫同志歪曲二次世界大战的历史，贬低党的领导作用，贬低广大前苏联人民和红军官兵的功绩……"总之，"朱可夫同志"后面便是一连串的毛病、缺点、错误，甚至罪恶！一分钟之前，还是个全国歌颂的头号英雄，一分钟之后便成了十恶不赦的罪人！

朱可夫事前毫无思想准备，政治战场上的"闪电战"几乎把他击昏了！性急中，他想到了赫鲁晓夫。赫鲁晓夫能救他，他们是多年的至交，又是党的最高领导人，现在他正默默地坐在会议主席的位置上。朱可夫便愤愤不平地说："你们说的这些，都是毫无根据的捕风捉影，胡扯乱谈！赫鲁晓夫同志是最了解我的，请赫鲁晓夫同志说说，我朱可夫到底是个什么样的人！"

到这个时候，他还在相信赫鲁晓夫的友谊。会议来了个静场，大家都等着听赫鲁晓夫的权威性发言。"朱可夫同志在战时和战后都立下了大功，党和政府高度评价了朱可夫同志的功绩，给了他许多荣誉，让他在党内和军内担任了高级职务……"赫鲁晓夫首先还是肯定了朱可夫的历史功绩，接着便在"但是"后面做文章，"但是，朱可夫同志丧失了列宁教导我们的谦虚精神，以为他是我党我军取得一切胜利的唯一英雄。他辜负了党的信任，陷入了个人迷信、个人崇拜的泥沼，他辜负了党对他的信任，从而证明了他是一个政治上不清醒的人……"最后，赫鲁晓夫断言，"朱可夫同志已不适宜于担任指挥全国军队的工作，为此，我建议：解除他的国防部长职务。但考虑到他的历史功绩，建议任命他为部长会议副主席。"

朱可夫这才明白，所有这一切，都是通过了赫鲁晓夫的，很可能就是他在幕后当导演。怨恨、委屈、被知心朋友出卖的义愤，使他激动得不能

自己！他愤然起立："什么副主席、部长的，我都不干啦！你们撤吧，撤吧，把一切职务都撤掉吧！我没有兴趣和忘恩负义、无中生有、翻脸不认人的卑劣小人共事！"说罢，一拍桌子，昂首阔步地走出了会议室。

朱可夫不是一个能屈能伸的政客，他在狂怒中说出的话，是"一竹篙打了一船人"，把赫鲁晓夫和主席团委员全都打了。而且藐视主席团的权威，擅自退出会场。主席团委员们认为，他这是将个人凌驾于党之上，是骄横跋扈，不可一世！为了"杀"一儆百，主席团决定，加重处分，以做效尤：党内撤销朱可夫的主席团委员和中央委员职务，行政上撤销国防部长职务。任命马利诺夫斯基为国防部长。

会议刚一结束，塔斯社就发了会议公报。第二天一早，消息就见了报。顿时在全前苏联，甚至全世界都引起了震动！正当人们为此议论纷纷之际，朱可夫却坐在家中闭门思过：我做错了什么呢？为保卫祖国出生入死，没错！逮捕贝利亚，没错！加强国防建设，没错！保赫鲁晓夫，没错……不，错了，错了，就是保赫鲁晓夫保错了！他是个野心家，是个玩弄权术的小人！他利用了我的忠诚和友谊，一旦得手，便要把有能力、有主见的人打下去！他只要奴才，不要人才……他越想越恼火，咽不下这口窝囊气，便坐上小汽车，直奔赫鲁晓夫的寓所。他要和赫鲁晓夫面对面地论理。

"别人中伤我，难道你也不了解我？从战前到战后，共事多少年，我什么时候做过对不起党，对不起国家、对不起你的事情？你问问自己的良心：你对得起朋友吗？难道当了第一书记就可以忘恩负义、翻脸不认人？"朱可夫豁出去了，反正是撤职，撤职……一撸到底！干脆"破罐子破摔"，来个痛快发泄！

赫鲁晓夫早已成竹在胸，他面无愧色，凛然回答："这不是个人恩怨的问题，是为了党的利益、国家的利益。""我什么时候损害过党的利益、国家利益?"朱可夫认为自己行为坦荡,无可指责。"粉碎莫洛托夫反党集团后,你忘乎所以了。你四处活动,大搞个人迷信。不少同志都来向我反映,说你有篡党夺权的野心。"赫鲁晓夫又给他戴上一顶更大的帽子。

"篡党夺权?"朱可夫哑然失笑。笑过之后是一声长叹,"好心没得好报啊!我在军内外四处活动,为的是什么?还不是为了批判反党集团,为了巩固你在党内的领导地位。我谈战争中的往事,是应听众的要求。作为一个老军人,谈点当年的战事,又算得了什么?怎么扯得上野心?我要是真的想篡党夺权,就得要阴谋、放暗箭,找主席团委员、中央委员串联。我总不能一个人去篡党夺权吧?你可以去向每一个主席团委员、中央委员做调查,我搞过非组织活动没有?我看呀,此事并不简单,只怕是有人害怕我对你的坚决支持,故意从中挑拨。你中了人家的反间计了!只怕你今后很难找到像我这样赤胆忠心的国防部长了!"

别看朱可夫是个粗人,这一席话,确实披肝沥胆,独具见解,促使赫鲁晓夫回顾历历往事,也不免有点后悔。"以后有机会,我将给你安排与你的功绩、经验和资历相称的新职务。"赫鲁晓夫显然是想挽回一点关系。"算啦,要退,就退个够,退到底!"说着,朱可夫站起来,将一份申请书往桌上一甩,"我要求退休,住到郊外,打猎、钓鱼去!我看你呀,良莠不辨,忠奸不分,早晚要栽大跟斗!"说罢,胸脯一挺,扬长而去。经再三挽留无效,赫鲁晓夫还是把朱可夫的"退休申请"批了下去。一个天才军事家,不幸误入政坛漩涡,终遭没顶之灾!

1974年7月18日,一代名将朱可夫元帅溘然长逝,享年78岁。他的葬礼,没有一位领导人出席,甚至生命的最后一刻,他也未被平反。1995年5月,俄罗斯纪念世界反法西斯战争胜利50周年之际,朱可夫的名誉才被彻底恢复。

◎ 丘吉尔

丘吉尔（1874—1965 年），英国首相，历史学家、政治家。1874 年 11 月 30 日诞生于爱尔兰牛津郡的贵族家庭，毕业于桑赫斯特军事学院。1895 年丘吉尔入伍，先后参加过英国侵略印度、苏丹的战争和英布战争。1899 年他开始进入政界，1906 年起历任商务、内政、海军和军需大臣等职。俄国十月革命后，他策划对苏俄的武装干涉。

丘吉尔

1924 年，丘吉尔加入保守党，后成为该党领袖。20 世纪 30 年代，其反对以张伯伦为代表的绥靖政策，主张实施遏制德国侵略的强硬政策，联合前苏联结成反法西斯的同盟。1940 年德国对英发动"不列颠之战"，出任首相的丘吉尔予以反击，粉碎了希特勒的"空中闪电战"。以后出席了开罗会议、德黑兰会议、雅尔塔会议，对反法西斯战争的胜利作出贡献。1945 年英国工党在大选中获胜，丘吉尔下台。

1946 年 1 月 16 日，丘吉尔应美国总统杜鲁门之邀赴美国。3 月 5 日，他应邀前往密苏里州富尔敦市威斯敏斯特学院发表演说。演说题目被杜鲁门称为"和平砥柱"，史称"铁幕"演说。丘吉尔主张反对苏联和受其影

响下的日益增长的社会主义革命，鼓吹加强实力，反对所谓"铁幕"后的国家，奏响了"冷战"的序曲。"铁幕"后来被作为社会主义国家的代名词。1951 年复出组阁，1953 年获诺贝尔文学奖，1965 年 1 月 24 日与世长辞。

<h1 style="text-align:center">丘吉尔的餐桌外交</h1>

　　英国前首相温斯顿·丘吉尔乐于在觥筹交错之间拉近与对方关系，赢得认同。丘吉尔相信，在面对面非正式交流中更容易了解对方并施展外交才能。他常说，他和别人边吃边谈更自在。他有本事喝杯茶就把事谈成。因此，谈重要事情时，他会煞费苦心安排宴请。

　　1941 年 8 月 9 日，丘吉尔登上停泊在纽芬兰海岸外的美国"奥古斯塔号"军舰面见罗斯福总统，并转交英国国王乔治六世的亲笔信。这是丘吉尔和罗斯福作为政府领导人首次见面。

　　双方攀谈过后，罗斯福留丘吉尔一起吃午饭，又邀请丘吉尔晚上回到军舰上出席正式晚宴。这正合丘吉尔心意，他正想借吃饭与罗斯福加深友谊，进而争取美国对英国的支持。当时，英国已经与德国苦战将近两年，美国依然保持中立。

　　举行晚宴次日，罗斯福与随行人员登上英国"威尔士亲王号"军舰与英国人一起做礼拜。丘吉尔事先叮嘱英方人员要与美方人员打成一片，不要傻站着，并亲自过问宴请罗斯福一行的安排。他要求食物"不同寻常，

合乎时令，有英国特色"，选定松鸡为宴会食品。丘吉尔当天再次登上"奥古斯塔号"军舰，与罗斯福等少数几个人共进晚餐。这顿饭完全是美式：烤火鸡配越橘沙司和苹果派。

丘吉尔此行与罗斯福签署《美国总统和英国首相的联合宣言》，又称《大西洋宪章》，对建立国际反法西斯统一战线、打败轴心国起到积极的推动作用。

1941 年 12 月 7 日，日本偷袭珍珠港。4 天后，德国向美国宣战。丘吉尔担心，与德国的战争会从属于美国对日本的太平洋战争。他相信如果面见罗斯福，将可以联合美国制定一个欧洲优先的整体战略。他认为这样才能赢得对法西斯的最终胜利。

12 月 22 日，丘吉尔乘飞机抵达华盛顿，在机场受到罗斯福欢迎。丘吉尔随后在美国住了 3 个星期。两人的交情自从 1941 年 8 月那次会面已经相当深厚。

丘吉尔随行人员之一、英国陆军准将莱斯利·霍利斯后来回忆，当时英美联盟尚未确定。"美国人可能有点儿担心久经战争考验的英国会对他们指手画脚，而我们急于表示我们无意在新建成的联盟中做高人一等的伙伴，我们希望平等，"霍利斯写道。

丘吉尔访美一事事先保密，连罗斯福的妻子埃莉诺都被蒙在鼓里。罗斯福去机场迎接丘吉尔前才告诉埃莉诺和工作人员，需要准备宴请包括丘吉尔在内的 20 名客人。

时任白宫男管家阿朗佐·菲尔茨多年后仍记得丘吉尔抵美次日的情形。丘吉尔把他叫到卧室，对他说："我们要成为朋友对不对？……请在早餐前给我瓶 90 年的白兰地。"

丘吉尔这次访美和罗斯福相见甚欢。二人经常把酒畅谈，聊到凌晨，

以至于埃莉诺都有些不快。

罗斯福的儿子埃利奥特说："母亲在屋里进进出出，暗示时候不早，可丘吉尔就是不走。"

圣诞前夜 8 点，丘吉尔应罗斯福邀请出席白宫圣诞晚宴，在座有四五十名罗斯福家庭成员和好友。这场宴会是美国风味，为讨厌喝奶油汤的丘吉尔准备了清汤。

丘吉尔这次美国之行经常与罗斯福形影不离，以至于支持罗斯福援英的乔治·马歇尔将军后来抱怨，罗斯福在一些与战争相关的事情上只与丘吉尔交流，让马歇尔等其他人费尽心思去想这两个人在盘算什么。

丘吉尔相信他的游说才能和魅力不仅能影响罗斯福这种本来就关系不错的朋友，也能影响斯大林这种不那么友好的对手。他 1940 年 6 月开始与斯大林书信来往，后来又开始交换生日祝福。

1942 年 8 月 12 日，丘吉尔前往莫斯科拜会斯大林。抵达当晚，莫斯科为他安排丰盛宴席。"有各种精选食物和酒，包括鱼子酱和伏特加，还有来自法国和德国的珍肴美酒……不过，我们没有心思享受，"丘吉尔在回忆录中写道。

晚宴后，他不顾旅途劳顿，前去会见斯大林。他知道，与斯大林的谈话不会轻松。首先，丘吉尔先前长期敌视斯大林政府。其次，他给斯大林带来一个坏消息：不会开辟第二战场以缓解苏联军队与德军交战的压力。

会见开始，气氛沉闷，不过，听丘吉尔说起英国轰炸德国的事，斯大林变得高兴起来，会见结束时，气氛轻松了许多。次日，双方继续会谈，但没有结果。

尽管战时前苏联物资供应紧张，但斯大林 14 日为丘吉尔举行的正式宴会不吝珍馐美味，有鱼子酱、野味、小羊、鲟鱼等。席间双方相互祝酒，

丘吉尔心里却不是滋味。想到与斯大林的会谈没有结果，他觉得一桌子佳肴味同嚼蜡。

15 日晚，丘吉尔去向斯大林辞行，没想到获邀去斯大林寓所喝一杯。丘吉尔欣然接受。两人喝得相当愉快，斯大林于是又邀请丘吉尔共进晚餐，并介绍女儿斯韦特兰娜与丘吉尔相识。

这顿晚餐给丘吉尔留下深刻印象："晚餐开始只有一些小萝卜，随后变成了晚宴——一头乳猪、两只鸡、牛肉、羊肉、各种鱼，足够 30 个人吃。斯大林尝了几道菜，吃几口土豆，再吃几口别的。4 个小时后，他突然胃口大开，请我吃猪头，我不吃，他就自己津津有味地吃起来。他用一把刀将猪头料理一番，用刀把肉叉到嘴里。他把猪脸肉切成几块，用手指捏着吃……"

丘吉尔后来给身在伦敦的副首相克莱门特·阿特利发电报说："我（与斯大林）长谈一番，吃了 6 个小时，在他的私人公寓里，只有他和（前苏联外交部长）莫洛托夫……离别时，我们的关系达到无比诚挚和友好的程度。"

1943 年 11 月，战争仍在继续。罗斯福、丘吉尔和斯大林举行德黑兰会议，商讨如何加速反法西斯战争进程。这是三巨头首次聚首，罗斯福先前从未见过斯大林。

11 月 28 日，罗斯福请丘吉尔和斯大林吃以牛排和烤马铃薯为主的美式菜肴。次日由斯大林做东。30 日是丘吉尔 69 岁生日，他邀请罗斯福和斯大林参加生日宴会。像以往一样，他一一过问宴会每个细节。宴会开始前，他穿着礼服，在英国代表团驻地走来走去，一面等候客人，一面抽着他那标志性的雪茄烟。

丘吉尔用煮鲑鱼、伊朗风味食品款待客人。饮品包括香槟和法国红

酒。丘吉尔席间对客人极尽溢美之词。三名领导人先前在一些事务上分歧颇深，但这次宴会的气氛相当融洽。

三方次日就整体战略达成一致，发表《德黑兰宣言》，对加强盟国团结、早日结束战争发挥重大作用。

盟军根据德黑兰会议精神制定了代号"霸王"的诺曼底登陆计划，1944年6月6日成功实施，就此锁定反法西斯战役胜利。

1945年2月，二战行将结束。三巨头再次聚首，讨论尽早结束战争和战后安排，地点选在前苏联克里米亚半岛雅尔塔。

斯大林对客人的招待无可挑剔，给客人们送去充足的香槟、鱼子酱和黄油。当时黄油在英国的供应还实行配给制。当英国代表团成员提出没有柠檬配杜松子酒和奎宁水后，前苏联人次日给他们运去了几棵柠檬树。

首场正式宴会2月4日由罗斯福做东。时任美国国务卿爱德华·斯特蒂纽斯说，宴会是典型美式风格，"虽然加了鱼子酱和鲟鱼，但是我们有鸡肉沙拉、肉饼、（美国）南方风味炸鸡，以及蔬菜"。

斯大林8日在尤苏波夫宫宴客。按斯特蒂纽斯记录，宴会"上了20道菜"。斯大林"极具幽默感"，罗斯福说他感受到"家庭的氛围"。英国外交官亚历山大·卡多根写道，丘吉尔在宴会上喝的香槟多得"会损害任何一个普通人的健康"。

轮到10日丘吉尔做东时，英方准备了西式食品和包括鱼子酱在内的俄式菜肴。按《与丘吉尔一起用餐：餐桌上的决策》一书说法，罗斯福祝酒时并不喝干；斯大林就着水喝伏特加，以为没人注意；前苏联人猛吃苹果和梨，相信这样可以解酒。丘吉尔席间尽力拉拢斯大林，呼吁盟国战后保持团结。

丘吉尔对自己的餐桌外交才能一向自信。诺曼底登陆几天后，丘吉尔

与英国陆军元帅伯纳德·劳·蒙哥马利一起吃午餐。当时丘吉尔夸口说："我要是每星期都能和斯大林一起吃顿饭，就什么问题都解决了。"

丘吉尔趣闻轶事

（1）没有机会接触

英国首相丘吉尔在脱离保守党、加入自由党时，他的政敌常借机攻击他。一次一位媚态十足的年轻妇人对他说："丘吉尔先生，你有两点我不喜欢。"丘吉尔问："哪两点？""你执行的新政策和你嘴上的胡须。""哎呀！真这样，夫人？"丘吉尔很有礼貌地说，"请不要在意，你没有机会接触到其中任何一点。"

（2）听不懂的英语

第二次世界大战期间，"三巨头"在雅尔塔会谈。老谋深算的丘吉尔由于胜券在握，兴致勃勃地和斯大林单独寒暄起来。为了表示亲热，他搬出在访苏前突击学习的俄语，大说特说，热情澎湃。说了一大阵，对方只微笑不答，翻译也哑口无言。正在尴尬之际，苏方翻译打破了冷场，用极标准而流畅的英语询问丘吉尔："首相阁下，您说的英语，怎么我一句也听不懂呢？"

（3）丘吉尔的"三国论"

"二战"后期，反希特勒的同盟国内部的力量对比，发生了不利于英国的重大变化。南非联邦总理史末资在1943年底对英国领导人说："战后

将出现两个巨人，一个是欧洲的俄国，另一个是北美。"丘吉尔怀着痛苦和激愤的心情意识到这一点。据英国历史学家 D·吉克斯说，丘吉尔在德黑兰会议期间一再说，他在那个时候才第一次意识到"英国是一个多么小的国家"。他描绘说："我的一边坐着把一条腿搭在另一条腿上的巨大的俄国熊，另一边是巨大的北美野牛。中间坐着的是一头可怜的英国小毛驴……然而，在这三者当中唯有小毛驴能够认准归途。"

（4）丘吉尔的自诚

前英国首相温斯顿·丘吉尔被一位妇女拦住问道："丘吉尔先生，当您知道您每次发表演说，大厅里总是挤得水泄不通时，难道你不感到兴奋激动吗？""承蒙夸奖，"丘吉尔回答道，"不过，每当我产生这种感受时，我总让自己记住一点：如果我不是在发表政治演说，而是在受绞刑，观众将还会多一倍。"

（5）丘吉尔推广"V"字

"V"作为国际通行的一种符号，表示胜利。在一些公共场合，人们往往打"V"型手势表示对胜利的祝愿和喜悦，或传递必胜的信念。第二次世界大战期间，西欧沦陷，许多人流亡英国。当时有一名叫维克多·德拉维利的比利时人，每天从英国向比利时广播，号召同胞们奋起抗击德国占领军。1940年底的一个晚上，他在广播里提议人们到处书写 V 字，表示对胜利的坚定信心。几天之内，比利时许多城市的建筑物上，大街小巷的墙壁上，树干和电线杆上，甚至德军重兵把守的兵营哨所里，V 字无处不在，搅得德国占领军心神不宁。从此 V 字不胫而走，飞越国境，传人欧洲各沦陷国。英国首相丘吉尔十分喜爱这种手势。经他在公众场合使用，V 字更加出名，成了人们普遍接受的表示胜利的符号。

（6）最辉煌的成就

有人问英国首相丘吉尔："您一生中最辉煌的成就是什么?"丘吉尔淡淡一笑说："我觉得一生中最为辉煌的成就，是我竟然说服我的妻子嫁给我。"

（7）应该没问题

英国首相丘吉尔 75 岁生日的茶话会上，一位年轻的新闻记者对丘吉尔说："真希望明年还能来祝贺您的生日。"丘吉尔拍拍年轻人的肩膀说："我看你身体这么壮，应该没问题。"

（8）政治家的条件

温斯顿·丘吉尔是英国的著名首相。一次有人问他："做政治家需要有什么条件?"丘吉尔回答道："政治家要能预言明日、下月、来年将要发生的一些事情。"那人又问："假如预言未实现，怎么办?""那要再说出一个理由来。"丘吉尔说。

（9）丘吉尔的刻薄

别让晚年丘吉尔的微笑照片欺骗你，让你对他有个慈祥老人的印象，相反的，此人非常尖酸刻薄，嘴不饶人。萧伯纳写的话剧上演，寄了两张票给丘吉尔，说："带个朋友来吧，要是你有朋友。"丘吉尔回答说他没空看首演，要求看第二场："要是你有第二场。"有一次他在国会上发表言论，抨击当时的财政部长兰西·麦当奴，全文没有一个骂人的字眼：

"我记得，我小的时候，被家人带去看出名的巴拿马马戏团，它有许多变态的矮仔和异兽；但是我最想看的是怪物'无骨奇观'。我的父母断定它太恶心、太败坏而不让小孩子看。50 年后，我终于等待到，看见这无骨奇观出现在财政部里。"丘吉尔晚年在议会开会，忘记了拉裤子的拉链。人家提醒他，他自嘲说："死掉的鸟，不会由巢里面掉下来的!"

（10）毒 药

有一次，英国首相丘吉尔的政治对手阿斯特夫人对他说："温斯顿，

如果你是我的丈夫，我会把毒药放进你的咖啡里。"丘吉尔微笑着答道："夫人，如果我是你的丈夫，我就会把那杯咖啡喝下去。"

（11）感 激

在一次社交活动中，有个外国大使同英国首相丘吉尔交谈，大使说："你晓得，爵士！我从未向你提过我的小孙子。"丘吉尔拍拍他的肩膀说："我亲爱的先生，为此我实在说不出我有多么感激。"

（12）摇自己的头

有一次英国保守党议员威廉·乔因森克斯在议会上演说，看见丘吉尔在摇头表示不同意，便忍不住说："我想提请尊敬的议员注意，我只是在发表我自己的意见！"丘吉尔答道："我也想提请演讲者注意，我只是在摇我自己的头。"

（13）白 肉

在一次访美期间，英国首相丘吉尔应邀去一家供应冷烤鸡的简易餐厅进餐。在要取第二份烤鸡排的时候，丘吉尔很有礼貌地对女主人说："我可以来点鸡胸脯的肉吗?""丘吉尔先生，"女主人温柔地告诉他，"我们不说'胸脯'，习惯称它为'白肉'，把烧不白的鸡腿肉称为'黑肉'。"丘吉尔为自己不当的言辞表示了歉意。第二天，女主人收到了一朵丘吉尔派人送来的漂亮的兰花，同时附有一张卡片，上面写道："如果您愿意把它别在您的'白肉'上，我将感到莫大的荣耀。丘吉尔。"

丘吉尔的养生奥秘

丘吉尔是英国前首相，世界著名的政治家。他一生历经磨难，长期肩负重担，但仍活了 91 岁，这样的年龄在 20 世纪 60 年代以前是极其少见的。丘吉尔高寿的原因，归结起来主要有以下三条：

（1）意志坚强，宽宏大度

丘吉尔曾几次竞选首相失败，但他毫不气馁，仍然像"一头雄狮"那样去战斗，最后终于取得了成功。他说过："我想干什么，就一定干成功。"他不但意志坚强，而且待人十分宽厚，能够谅解他人的过失，包括那些曾强烈反对过他的人。虚怀若谷，使他摆脱许多烦恼。

（2）开朗乐观，诙谐幽默

丘吉尔被英国人称为"快乐的首相"。不论在公开场合，还是与家人在一起，他的谈话总是充满幽默感。甚至在生命垂危之时，他也没有忘记幽默。

（3）善于休息，兴趣广泛

丘吉尔的兴趣相当广泛，音乐、美术、文学、军事、政治等，无所不通。在绘画上他也有很深的造诣，在文学上曾获诺贝尔奖金。如此广泛的爱好，陶冶了他的情操和博大的胸怀。

个人影响

　　英国首相温斯顿·丘吉尔是在第二次世界大战期间，带领英国人民取得反法西斯战争伟大胜利的民族英雄，是与斯大林、罗斯福并立的"三巨头"之一，是矗立于世界史册上的一代伟人。丘吉尔出身于声名显赫的贵族家庭，他的祖先马尔巴罗公爵是英国历史上的著名军事统帅，是安妮女王统治时期英国政界权倾一时的风云人物；他的父亲伦道夫勋爵是十九世纪末英国的杰出政治家，曾任索尔兹伯里内阁的财政大臣。祖先的丰功伟绩、父辈的政治成就以及家族的荣耀和政治传统，无疑对丘吉尔的一生产生了十分巨大的影响，在他成长为英国一代名相的过程中具有关键性作用。他们为丘吉尔提供了学习的榜样，树立了奋斗目标，也培育了他对祖国的历史责任感，成为丘吉尔一生孜孜不倦地追求和建功立业的强大驱动力。丘吉尔未上过大学，他的渊博知识和多方面才能是经过刻苦自学得来的。他年轻时驻军于印度南部的班加罗尔，在那里有半年多的时间里他"每天阅读四小时或五小时的历史和哲学著作"。

　　自那以后，丘吉尔从柏拉图、吉本、麦考利、叔本华、莱基、马尔萨斯、达尔文、王尔德等著名思想家、哲学家、历史学家和生物学家的著作中吸取了丰富的思想营养，为他以后从政带来巨大作用。这使他的思想更加深刻，人生信念更加坚定，也使他成长为"我们生活的时代里最杰出和多才多艺的人"。

◎ 戴高乐

戴高乐

夏尔·戴高乐（1890—1970年），法国将军、政治家，曾在第二次世界大战期间领导自由法国运动并在战后成立法兰西第五共和国并担任第一任总统。

戴高乐曾参加过第一次世界大战并在二战中被授予准将军衔。1940年法国战败后，戴高乐在英国组织了自由法国运动并发表了著名的电台讲话，号召法国人民抵抗纳粹德国的侵略，这一讲话在历史上标志着法国抗击纳粹侵略的开始。

1944年法国解放后，戴高乐成为法兰西共和国临时政府主席直至1946年因政治斗争而辞去职务。戴高乐支持发展核武器、制定泛欧洲外交政策、努力减少美国和英国的影响、促使法国退出北约、反对英国加入欧洲共同体、承认中华人民共和国，这一系列思想政策被称为"戴高乐主义"。2005年，法国国家二台举行的"法国十大伟人榜"评选揭晓，电视观众评选戴高乐为法国历史上最伟大

的人。

生平简介

1890 年 11 月 22 日，戴高乐出生于法国里尔一个教师家庭。1912 年他毕业于圣西尔军事专科学校，1913 年以少尉军衔服务于贝当将军麾下。第一次世界大战中，因戴高乐对德作战勇敢，被授予最高荣誉十字勋章。1922 年他去军事学院深造，1925 年被贝当提拔为最高作战会议参谋，1927 年至 1929 年在占领莱茵区的部队里任少校。

1934 年以后，戴高乐曾发表《建立职业军》等军事著作，预见装甲部队在未来战争中的作用，并告诫德国入侵的危险和法国防务力量之不足。1936 年至 1938 年在莱茵区服役。他还曾在中东服役 2 年，后晋升中校，在国防委员会担任 4 年书记处成员。期间，撰写了《敌人内部的倾轧》（1924 年）、《剑刃》（1932 年）、《未来的军队》（1934 年）、《法国和她的军队》（1938 年）等著作。

第二次世界大战爆发后，他在法国第 5 军任坦克旅旅长，1940 年 5 月任第 4 装甲师准将，同年 6 月 6 日任国防部副国务秘书，主张抵抗纳粹德国的进攻，拒绝在德法停战协定上签字，德军占领巴黎后出走英国。6 月 18 日戴高乐第一次在伦敦向法国发表广播演说，呼吁同胞在他的领导下继续抗战。6 月 25 日，创建并领导法兰西民族委员会（后改称自由法国政府，法兰西民族解放委员会），抗击德国的侵略。1943 年戴高乐把自由法国总部从伦敦移到阿尔及尔，并就任法国民族解放委员会主席。1944 年 8

月25日巴黎解放后3天回到巴黎。1944年8月至1946年1月任临时政府主席兼国防部长。1946年1月因对三个政党组成的左翼联合政府不满而辞职。1947年戴高乐创建法兰西人民联盟。1949年以后的12年里，他一直站在反对派立场，反对新宪法，指责宪法条文将使法国重蹈第二共和时代政治动荡的覆辙。1951年成立正式政党，在议会里占有120个席位，后由于不满议会党团断决与议会组织的联系，该党在1955年解体。

1955—1958年戴高乐隐退乡间埋头写回忆录，写成《荣誉的召唤》《团结》和《救星》3书。1958年6月出任总理，提出加强总统权力和行政权力的新宪法，9月28日举行公民投票，新宪法以78.5%的票数被通过，10月4日生效。自此，法兰西第五共和国取代第四代共和国，法国由议会制过渡到事实上的总统制。1958年12月经普选戴高乐当选为第五共和国总统，1965年再次当选为总统，1966年宣布法国完全退出北约组织，但仍保留为大西洋联盟的成员。1969年4月戴高乐在关于对地区改革和参议院改革所举行的公民投票中失败，被迫辞职回到家乡继续写回忆录。1970年11月9日病故。

在戴高乐第二任总统任期中，提倡东西方"缓和与合作"，主张与苏联以及东欧国家进行贸易和文化交流。1964年他承认中华人民共和国。他还主张美军退出越南，并周游许多国家以加强法国国际地位。

法兰西第五共和国的创建者

第二次世界大战爆发后，德国的机械化部队绕过马其诺防线，突袭法国西北部时，戴高乐才仓促受命组建一个装甲师，并被提升为准将，但为时已晚，法军一溃千里。1940年6月5日，总理雷诺改组政府，任命戴高乐为国防和陆军部次长。这时，副总理贝当和总司令魏刚等投降派在政府中占了上风，当德军逼近巴黎时，他们不组织抵抗，宣布巴黎为"不设防城市"，拱手将巴黎让给了敌人。随后，雷诺政府垮台，贝当出任总理，向德国宣布无条件投降，法军全部解除武装并交出武器。法国北部由德国直接占领，南部由贝当傀儡政府管辖，首都设在维希，史称维希法国。法兰西第三共和国到此结束。

身为国防和陆军部次长的戴高乐，坚决主张把法国政府迁往法属北非，同法西斯德国血战到底。就在法国政府中的投降派酝酿向入侵者无条件投降时，戴高乐出使英国，谋求英、法联合抗击法西斯德国。等他返回法国时，投降的局面已不可挽回了，于是他下决心到英国去领导法国的抵抗运动。6月17日，戴高乐送英国的斯皮尔斯将军回伦敦。到机场后，就在飞机起动之际，他突然随飞机开始奔跑。那时飞机也小，戴高乐身高腿长，几步就追上了。斯皮尔斯将军恍然大悟，迅速用手抓住戴高乐的胳膊。飞机腾空而起，而得戴高乐的腿还在空中乱蹬呢。在场的其他法国官员惊得目瞪口呆。当天晚上传来消息，贝当已经向德国入侵者求降。第二天下午6时，戴高乐在英国广播公司的播音室对法国发表广播演说："我是戴高乐，我现在在伦敦。我向目前正在英国领土上和将来可能来到英国领土上的持有武器或没有武器的法国官兵发出号召，向目前正在英国领土上和将来可能来到英国领土上的一切军人工厂的工程师和技术工人发出号召，请你们和我取得联系。无论发生什么情况，法兰西抵抗的火焰决不应该熄灭，也决不会熄灭。"这是一个伟大的历史性时刻，它标志着由戴高乐领导的反对法西斯侵略和维护民族独立的"自由法国"运动开始了。

这时，戴高乐还对留在法国的魏刚将军抱有一线希望，写信希望他离开法国本土，领导抵抗运动，可是魏刚甘当傀儡政府的"国防部长"，并且以军事法庭的名义缺席宣判戴高乐死刑。戴高乐义无反顾地举起了抵抗的旗帜，着手把流落在国外的散兵游勇集合并组织起来，建立起一支 7000 人的武装部队，并开始引起国际的重视。1943 年他把自由法国总部从伦敦迁到阿尔及尔，就任法国民族解放委员会主席。法国共产党领导的游击队和其他抵抗力量统一为"法国内地军"，拥有 50 万战士，在国内开展了艰苦卓绝的反侵略斗争。戴高乐设法和国内的"法国内地军"取得联系，并且千方百计地把最高领导权，掌握在自己手里。

在整个战争期间，戴高乐念念不忘的是法国作为一个大国的历史地位，力图使法国在战后作为一个殖民大国继续存在。再加上他那十分固执而倔强的性格，他和英国首相丘吉尔的关系经常处于紧张状态，和美国总统罗斯福的关系可说是相当糟糕。因此，他被排斥在 1945 年 2 月雅尔塔三强会议之外，而这次会议却处理着诸如战后欧洲状况等与法国有重大利害关系的问题。戴高乐想方设法取得了出席批准德国投降仪式的代表权，并使法国在德国获得了一块占领区。可是 7 月举行波茨坦三巨头会议，戴高乐又被排斥在外，这使他在战后一系列重大国际问题上没有发言权，更没有人理睬他的旨在肢解德国的计划。尽管如此，戴高乐为法国争得了联合国安理会常任理事国的资格，享有大国否决权。

1944 年 8 月 26 日，戴高乐凯旋巴黎。当他来到凯旋门时，欢迎的人们挤满了星形广场和爱丽舍田园大街。他不时举起手臂向含泪欢呼的巴黎人民致意。

家庭生活的慈父

戴高乐夫人将要分娩，不幸遇到了车祸，当场昏死过去，经医生的抢救才转危为安。不久，女儿小安娜便诞生了，遗憾的是，由于夫人的治疗过程中服用大量的药物，致使小安娜生下来就是一个迟钝弱智的孩子。面对这样的现实，戴高乐夫人没有一点厌烦的表示，她对丈夫说，宁可放弃自己所有的地位和金钱，也要让安娜享受一个正常孩子的欢乐。戴高乐十分同意妻子的解释，他激动地说："不是安娜自己要求到人间的，我们两个人的责任，就是让孩子获得真正的幸福。"为了使安娜生活在一个更祥和、无人打扰的环境里，戴高乐夫妇购买了一处环境优美的住宅，使安娜既可以避开众人的目光，又可以安静地与父母在一起。

戴高乐身材魁梧，智力超群，身居高职，外表看上去十分威严，似乎令人难以接近，但对女儿安娜却十分慈祥。他对安娜的每一个要求尽量满足，从不拒绝。随着小安娜的逐渐长大，每天饭后，戴高乐总领着女儿的手围着花园散步，还不时地为她讲故事、唱歌儿和表演哑剧。小安娜虽然不能说话，但在高兴的时候，也会像别的小孩子一样，欢快地笑出声来，而爸爸是唯一能使她发笑的人。当安娜玩得疲倦时，她便伏在爸爸的怀里睡着了。戴高乐陪伴女儿的时候，从来没有急躁和厌烦过，即使在二战流亡期间，也把安娜带在自己身边。他总是以神圣的父爱，抚平小安娜心灵的创伤。戴高乐一生节俭，却为安娜设立了专用的委托金，并以自己撰写回忆录的版权费入了抵押。

安娜在即将欢度20周岁生日的时候，不幸被肺炎夺去了生命。安葬仪式结束后，戴高乐夫妇含着热泪，站在女儿的墓前久久不愿离，好像还不许多话要和孩子倾诉。天已经黑了，戴高乐才对妻子说："走吧，现在她已经和别人一样了。"安娜去世后，戴高乐总统在痛苦中决定：将安娜生前住过的房子改建为"安娜·戴高乐基金会"办公处，决定继续帮助和女儿一样智障的孩子。

与女儿不同的是，戴高乐的儿子菲利普·戴高乐从小健康聪慧，他年轻时曾任海军上将，后当选为参议员。他是一位优秀的政治家和军人，还是一位孝子，他填补了女儿早逝带给戴高乐的痛苦，他曾著有《我的父亲戴高乐》一书。

戴高乐将军轶事

（1）"因私外出"专栏

前任法国总统戴高乐将军是世界著名的大政治家。他在位时，郑重其事地请办公厅为自己绘制了活动统计表，其中设立"因私外出"专栏。统计表绘制以后，戴高乐自觉地按章办事，把"请牙科医生看病""看望朱安元帅""主要助手""去残老军人院向蒙克拉尔将军遗体告别""参观展览会"等一一计入"因私外出"，并以此"作茧自缚"，把每年"因私外出"控制在"十次左右"。约束自己在办公时间把全部精力都用在办

"公"上，贡献给国家和人民。

（2）随带支票本

戴高乐"蔑视唯利是图"。"他总是正式访问也不例外，随身带着他的支票本，以便直接交付他的个人费用。"戴高乐身居总统高位 11 年之久，但他从来不在总统府的开支中报销像服装之类的个人费用，尽管别人毫无顾忌地这样做。有一次，他让国家家具管理局为他做一个书柜放在布瓦斯里。货一交，他就亲手开了张支票。当他两袖清风离开政权时，一辆小卡车就足够搬运他的行李了，另外他还事先拒绝了下台总统应享受的各种荣誉和优厚的待遇：如退休金、住房、宪法委员会的席位、津贴等。

（3）约法三章

戴高乐自 1959 年 1 月 8 日登上总统宝座后，一进爱丽舍宫就给礼宾处约法三章：你们只能邀请我的孩子们参加两次招待会，不能再多了。戴高乐对亲属子女的要求十分严格，轻易不让他们抛头露面，搞特殊。他对于"当职业军人或在行政部门供职"的家庭成员，从未想到要优先晋升他们，更没有想到指派他们中的任何一人在政府或总统府就职，从而使他们在这些职务中得到好处。甚至当他的孙儿们想去参加冬季运动会，也不给解决交通和住宿问题。戴高乐不让他的亲属在公开场合露面，也是为了避免有人对当权者及其家属拍马溜须，引诱拉拢。直至戴高乐逝世，才使他的全家人首次在法国人面前抛头露面。

（4）为了思考，只需宁静

戴高乐终生信守的格言：为了思考，只需宁静。戴高乐的座右铭：保持一定距离。和西方国家的领导人一样，戴高乐将军也有自己的顾问参谋班子，也有自己的智囊团，但他又和许多领导人不一样。他勤于思考，才华横溢，当他于 1959 年 1 月 8 日入主爱丽舍宫时已 69 岁高龄，具有一般世人难有的悲欢离合的情感和道德内涵的修养。所以，戴高乐对待自己的顾问和参谋有着不同于他人的三个特色：不与女人为谋、需要唱反调的人和恪守"保持一定距离"的原则。

(5) 讨厌女人干预政事

戴高乐一生讨厌女人干预政事。大概他首次对此有切肤之痛是在雷诺组阁之时。雷诺是在1940年绥靖主义的迷雾笼罩着巴黎时组阁的。当时法国的多数军政要员都醉心于"祸水东引"，希望尽早结束"奇怪的战争"，与希特勒媾和。就连第一次世界大战中的英雄魏刚被雷诺任命为全国最高军事统帅后，也因他临时组织起来的"魏刚防线"势如破竹地被德军所攻破而悲哀地说："已经走到了尽头。我们的最后防线已经完全崩溃。法兰西战役已告失败。"法国的另一位元老贝当也认为法国早就输定了。这时，刚刚被提升为准将的戴高乐成了雷诺新政府的国防部副国务秘书。他的态度是："只要我还活着，我就要战斗，不论叫我打到哪里，不论叫我打多久。不打垮敌人，洗雪国耻，决不罢休。"

然而，在雷诺身旁不仅有魏刚、贝当这些一心想降的元老凤将，更有一位妖艳妩媚的一心主和的情妇，她就是德·波特伯爵夫人。这是一个喜欢参政的野心勃勃的女人。她不停地在雷诺耳边讲着同一句话："停战吧，亲爱的！继续打下去又有什么用？兵临城下了，投降吧，保住我们的美丽的巴黎吧！"在主和这个问题上，她串通了雷诺身边所有的人，鼓动他们只把一句话送到雷诺的耳中："停战吧，不能再打下去了！"她为此展示了一个得宠情妇的全部花招：笑、妩媚、眼泪和哭闹。在战与和问题上本来就摇摆不定并倾向于和的雷诺被这位伯爵夫人搞得更加焦头烂额，他心怀畏惧地把她称为几乎无所不在的"主和旋风"。

戴高乐对此深为不满，他奉劝雷诺，离开这位伯爵夫人和离开魏刚在目前是同样的重要，因为在法国面临生死存亡的时刻，你不能带着一位主和的情妇和一位要走求和路线的最高统帅走上战争之路。但雷诺没有听从

主战派戴高乐的意见，却被这位伯爵夫人的意志所左右。法国政府撤出巴黎后，英国首相丘吉尔和雷诺举行了一次会谈。这时，德·波特夫人再次插手干预国事。她把雷诺的唯一随行人员国务秘书博杜安找来，不厌其烦地说："告诉保罗，我们必须投降，我们必须结束战争，必须停战！"雷诺在会谈中向丘吉尔表述了要与德国单独讲和的愿望。

戴高乐闻讯赶到会场，得知雷诺停战投降的决心已定时，十分沮丧。他对雷诺说，你是个被围困在碉堡里的指挥官，法国的希望寄托在你的身上，你怎能听从于那些不战自降的元帅和夫人？当法国内阁最后一次讨论是战还是降的问题时，德·波特夫人又一次给雷诺递条子，要他不要缔结英法联盟。雷诺又一次屈从，于这次内阁会议后宣布辞职。雷诺与其说成了投降派元帅与将军们的附庸，不如说成了主和派情妇的牺牲品。

戴高乐把从这一惨痛的历史事件中所得到的教训总结为：不能让女人参政，不能与女人，尤其是最亲近的女人为谋。多年后，从他一当上法兰西共和国的总统起，他就把前总统办公室里那些花枝招展、爱说闲话、喜欢在各个办公室之间串游的女秘书们统统轰走了。在他十多年的任期中，在他的顾问和参谋人员中，甚至在他的阁员中也没有一个女人。对于那些想以丈夫的战争功勋来为自己捞取参政资本的遗孀们，戴高乐十分讨厌。一谈到这些人，他总是气愤地说："跨过莱茵河的毕竟不是她们！"他从不和夫人谈论政事，戴高乐夫人也从不参政，从不做那些总统夫人们做惯了的替丈夫收受礼物、呈递书信、冒名顶替地写字作答、假传"圣旨"的事。她只关心戴高乐的健康：不能喝白酒，不能操劳过度；她只关心他能早日不当这个总统，好有更多的时间能和她在一起度过所剩无几的风烛残年。

同时，戴高乐也禁止子女和亲属们参与政事。他没指派他们当中的任何一人在总统府和政府里任职，没有就任何重大的事件与他们私谋。他一

进总统府就对礼宾处规定，一年之中请他的子女们来爱丽舍宫参加招待会不得超过两次。戴高乐夫人甚至给礼宾处交代，没有事先和她打招呼就不得邀请她家里的人。

（6）需要唱反调的人

戴高乐本人文笔优美，又勤于写作，因此，他和智囊团中的重要组成人员——"笔杆子"的关系就很特殊，他需要这些人，需要他们就他指定的题目撰写发言稿和文章。但这些"笔杆子"为他撰写的东西，常常不能为他所用。有一次，一位智囊为他起草了一份发言稿，自认为十分满意。可当第二天他拿到戴高乐阅过的这份稿子时，他失望了。戴高乐已把它改得面目全非。这位智囊认为这表明戴高乐对自己很不满意，已经面临着被辞之祸，于是尴尬地问，他是不是还有必要留在总统府工作。戴高乐淡然一笑说："当然有必要了！我需要一份讲演稿，为的就是和他唱反调。"戴高乐就是以这样的方式，和自己身边的智囊进行运筹于帷幄中的较量，来加深和发展自己的思考，来肯定或否定自己的决断，来和自己想象中的论敌或政敌进行争斗。

于是，他要求顾问和智囊不断地给他写报告、文件和备忘录。当他面对它们时，他就像面对能言善辩、勤于思考的饱学之士。戴高乐是个来文必复的总统，他阅过的文件在第二天一定要退回给作者，在它们的上面留有他对他们的同意、否定、争论或是赞扬。而这些顾问和智囊们就会在他的简短的指示中找到他们所需要的东西。戴高乐和智囊们的这种关系是由他终身所信守的一句格言决定的：为了思考，只需要宁静，而为了写作只需要一小块空间就够了。

（7）保持一定距离

军旅生涯使戴高乐建立了一个座右铭："保持一定的距离"。这也深刻地影响了他和顾问、智囊和参谋们的关系。在他十年多的总统岁月里，在他的总秘书处、办公厅和私人参谋部等顾问和智囊机构里，没有什么人的工作年限能超过两年以上。他对新上任的办公厅主任总是这样说："我使用你两年。正如人们不能以参谋部的工作作为自己的职业，你也不能以办公厅主任作为自己的职业。"这是戴高乐的规定。这里面有两个因素，一是在他看来，调动是正常的，而固定是不正常的；二是他不想让这些人变成他"离不开的人"。前者明显是军队做法的影响，军队总是流动的，调动的，没有始终固定在一个地方的军队；后者表明戴高乐是个主要靠自己的思维和决断而生存的领袖，他不会容许身边有永远离不开的人。只有调动，才能保持一定的距离，而唯有保持一定的距离，才能保证顾问和参谋的思维和决断的新鲜和充满朝气，也就可杜绝年长日久的顾问和参谋们利用总统和政府的名义来营私舞弊的恶果。

戴高乐对这一原则的执行是毫不留情的。他的第二任办公厅主任是他战时的支持者，他们的关系相当好。两年后该人离去，他为了向后任交代必要的文件和工作程序，在调离后的初期还常来办公厅。戴高乐见后，极其严厉地问："此人为什么还在这里？"戴高乐无情的冷漠使第三任办公厅主任惊讶不已。

这就是戴高乐，这就是只属于自己而不属于任何他人的戴高乐。他承认和吸收他人的智慧和谋略，但这时这种智慧和谋略已经是化为他自己的了，他为此前行不止，无所顾忌。无论这种智慧和谋略带给他的是失败、挫折，还是长期的孤寂与等待之后的东山再起，他都百折不回。戴高乐并不想终身为人君，也不想成为法兰西的一尊神。他对爱丽舍宫从一开始就有不能久居之预感，他对生死也淡然处之。他曾对一位记者袒露过自己的心境："任何事物都有尽头，任何人都有末日。'戴高乐之后'无论如何是会发生的，可能是在今天晚上，也许是6个月之后，或是1年之后！"

◎巴 顿

乔治·巴顿（1885—1945 年），是一位美
国陆军四星上将，也是第二次世界大战中著名
的美国军事统帅。乔治·巴顿作战勇猛顽强，
重视坦克作用，强调快速进攻，有"热血铁
胆""血胆老将"之称。巴顿不仅是将军也是
文人，他是一个具有政治、军事、哲学头脑的
人，更是一个最具个性和人性的人，使之成为
第二次世界大战中一颗耀眼的军事明星。

巴 顿

生平概述

　　乔治·史密斯·巴顿 1885 年 11 月 11 日出生在美国加利福尼亚州一个
具有文韬武略的传统家庭。18 岁时进入私立弗吉尼亚军事学院学习，一年
后获得入西点军校的保送资格。1909 年 6 月，巴顿军校毕业，随即以少尉

军衔赴美国第一集团军骑兵部队服役。

1939年9月，第二次世界大战全面爆发，美国面临战争。巴顿的军事才能得到陆军参谋长马歇尔的赏识，认为他是能在战场上战胜快速机动的德军的优秀将才。1940年7月，马歇尔批准组建装甲师，巴顿受命组建一个装甲旅，并被晋升为准将。同年，巴顿被任命为第二装甲师师长，晋升为少将。

1941年12月珍珠港事件之后，美国对德日意宣战。1942年1月，巴顿升任第1装甲军军长。11月，巴顿率领美国特遣队4万多名官兵横渡大西洋，在法属摩洛哥海滨登陆，经过74小时的激战，终于迫使驻摩洛哥的德军投降。北非登陆的成功，为盟军顺利地完成北非战局部署创造了有利条件。随后，巴顿被任命为美国驻摩洛哥总督。

1943年3月5日，巴顿临危受命，接任被隆美尔击败的美第二军军长，他从到达第二军的那天起，便全力以赴地整肃军纪，迅速改变了全军涣散的软弱状态。3月17日，面目一新的美第二军向德军发起进攻，一路猛攻猛打，进展迅速，很快与英军在突尼斯北部完成了对德军的合围。突尼斯战役不久，巴顿晋获中将军衔，升任美第7集团军司令。1943年7月9日，盟军发起西西里岛登陆战役。巴顿率美第7集团军攻取巴勒莫，随后抢在蒙哥马利之前拿下了墨西拿城。盟军占领了西西里岛，德军退到意大利本土。

1944年巴顿任第三集团军司令，作为第二梯队参加诺曼底登陆，指挥装甲兵团横扫欧洲，直至奥地利，9个月间，歼敌140万，解放大小城镇1.3万座，且相对伤亡最小。第二次世界大战后擢升四星上将，任巴伐利亚洲军事长官，15集团军司令。战争后期，巴顿因殴打士兵遭到媒体抨击（即"打耳光事件"），引起盟军总部的反感。战争结束不久，他又在正式

场合出言不慎，被媒体加以利用，使他在军中的地位更受到影响。1944 年
12 月，巴顿率第 3 集团军在阿登地区击退德军的大反扑，解救了被围的盟
军部队。1945 年 3 月，巴顿再次抢在蒙哥马利之前渡过了莱茵河。1945 年
5 月初，巴顿的第 3 集团军一直推进到奥地利边境方才住脚。在 9 个月的
推进过程中，巴顿部队歼敌 140 余万，取得了惊人的战果。4 月 16 日，巴
顿被晋升为四星上将。

　　1945 年 5 月 8 日，德国投降，欧战结束。巴顿被任命为巴伐利亚州军
事长官。1945 年 12 月 9 日，巴顿在外出打猎时突遇车祸而受重伤，12 月
21 日在德国海德堡一家医院辞世，享年 60 岁。

铸造"巴顿剑"

　　巴顿将军投注在军事领域的用心是全方位的，其中不乏智慧和深思熟
虑的结晶，"巴顿剑"的成功就是一例。

　　美国是一个善于使斧的国家，早期的骑兵更习惯挥舞马刀砍杀。训练
时，骑兵们乘坐在马背上，像使用球棒一样疯狂地舞动手里的骑兵弯刀。
年轻的巴顿把这一切看在眼里，不禁在心里开始了思量。那时的巴顿曾经
在第 5 届奥运会军事五项比赛中获得过击剑的第 3 名，号称"军中第一击
剑高手"，并获得过"剑术大师"的荣誉称号。

　　在参加完奥运会后，巴顿到法国索米尔军事学校学习击剑课。在那
里，他发现法国骑兵使用马刀的方法远远超过美国骑兵，原因很简单：法

国人是用刀尖去刺杀，而美国人则是用刀刃去砍杀。与砍杀相比，刺杀能更快地接近敌人，作战效率更高。怀揣改进骑兵军刀的想法，巴顿调到了弗吉尼亚的迈尔堡。这是一个骑兵驻地，有军队里最优秀的骑手，有美国出身最好的军官，他们熟悉华盛顿的每一位要人。在这个"离上帝最近"的地方，血气方刚的巴顿决定大干一番，改进骑兵军刀就是他的"敲门砖"。

　　"以法国式的直剑取代美军盛行的弯刀。"巴顿把自己的想法明白无误地写在文章里，并把文章交给迈尔堡骑兵团团长格拉德上校。上校是位老骑兵，当然看出了巴顿的主张有多么重要的意义。他建议巴顿再增添一些内容，然后把文章投寄给《骑兵月刊》。受到鼓舞的巴顿没有听从团长的建议。他把目光投向了更高级别的军事刊物。他知道，小小的《骑兵月刊》不足以引起军界高层的注意。他在给未婚妻的信中写道："我希望这篇文章引起轰动。我相信一定会的。"果然，1913 年 1 月 11 日，颇有影响的《陆海军杂志》刊登了巴顿的文章，并立即引起军界的关注。"我想我要出名了！"巴顿心里异常兴奋。

　　几个月后，陆军参谋长伍德将军命令按照巴顿设计的样式和规格，打造两万把新军刀。这种新型骑兵军刀是直线型设计，刀有 940 毫米长，刀身的宽度为 257 毫米，刀刃非常长，是一种理想的击刺武器，能够完美地用于刺杀。巴顿的钻研和思考结出了果实。新军刀选在斯普林菲尔德的工厂铸造。为保证军刀的生产质量，巴顿被专门派去负责检查验收。美国军械部次长也对巴顿设计的新军刀很满意。他说："巴顿作为一位击剑手的技巧和经验，对于军械部价值无限。"

　　新军刀还需要新的训练教程。春风得意的巴顿开始编写《军刀教员讲义》。1914 年 3 月，《军刀训练》一书由陆军部批准出版。巴顿在书里进一

步强化了他附着在新军刀中的"刀尖"精神：要记住刀尖是压倒一切的重点，富有活力、勇于进取的勇士要像刀尖一样，在进攻中刺穿敌人的身体。

批量生产的新型骑兵军刀在骑兵部队中广泛使用，并以"巴顿剑"闻名天下。1916年3月，巴顿调任布利斯堡骑兵团时，高兴地看到团队使用的军刀全是自己设计的"巴顿剑"，这一发现让他激动得热泪盈眶。但凌厉的枪弹使骑兵的军刀失去了用武之地。"巴顿剑"更多地成了骑兵们的标志性装备，很少在实战中使用。

"血胆老将"

巴顿是一位充满传奇色彩的人物，他一生呈现出鲜明的个人性格特点，粗鲁、野蛮是他在战争中留给后人的印象，潘兴元帅甚至把他叫做"美军中的匪徒"。引起世人不同评论，很多人认为他是"一位统率大军的天才和最具进攻精神的先锋官"和"二十世纪的拿破仑"；但也有人认为他"勇猛有余、智谋不足""骄傲自大、华而不实"。军事学者指出："作为统帅人物，巴顿将军的最大特点就是以他自己的尚武精神去激励部下，用他的个性去影响部下在战场上奋勇向前。"他作战勇猛顽强，指挥果断，富于进攻精神，善于发挥装甲兵优势实施快速机动和远距离奔袭，被部下称为"血胆老将"。

艾森豪威尔给巴顿下结论说，他有一种"非凡而又残酷的推动力"。

英国亚历山大元帅评论说：巴顿是一个推进器，随时准备去冒险，他应该生活在拿破仑战争年代——他会成为拿破仑手下一位杰出的元帅。德军的布卢特里特将军（担任冯·龙德施泰特的参谋长）写道："我们对巴顿将军的评价极高，认为他是盟军中最敢作敢为的'装甲兵将军'，一个具有令人难以置信的创造性和雷厉风行的人。他和我们自己的'装甲兵将军'古德里安很相似。大概是由于他最接近于我们对古典军事统帅的概念，因而他的作战指挥给我们的印象尤其深刻。他甚至进一步提高了拿破仑的基本教义——兵贵神速。"赫尔曼·巴尔克将军（指挥德军 G 集团军群，后来在齐格菲防线对付第 3 集团军）坦率地总结道："巴顿将军是第二次世界大战中杰出的战术天才。我至今仍将曾与他对抗看作是一种莫大的荣幸和难忘的经历。"

◎ 铁木辛哥

铁木辛哥（1895—1970 年），全名：谢苗·康斯坦丁诺维奇·铁木辛哥。前苏联元帅，军事家，生于今敖德萨州富尔曼诺夫卡镇。1915 年加入俄军，参加第一次世界大战，是 1941 年苏德战争爆发时的苏军高级指挥官。

铁木辛哥 1918 年参加红军，翌年加入俄共（布）。苏俄内战和外国武装干涉时期，历任排长、连长、团长、旅长、师长，率部参加平息国内反革命叛乱和反对外国武

铁木辛哥

装干涉的作战。战后曾就读于军事学院高级速成班和政治学院一长制指挥员训练班。1925—1938 年先后任骑兵军军长、军区副司令和司令等职，善于把国内战争的作战经验运用于部队训练。1939 年 9 月指挥乌克兰方面军进军波兰，占领西乌克兰。苏芬战争期间，指挥西北方面军突破曼纳海姆防线。1940 年 5 月起任苏联国防人民委员，积极进行反侵略战争准备，大力促进军队建设，完善动员体制，改进武器装备。苏德战争前夕，曾建议

边境部队进入战备状态，但未被采纳。战争爆发后，先后任统帅部大本营主席、最高统帅部大本营成员、副国防人民委员兼西方向总司令、西方面军司令、西南方向总司令兼西南方面军司令、斯大林格勒方面军和西北方面军司令，参与指挥过明斯克战役、斯摩棱斯克战役、斯大林格勒会战等。从1943年3月起铁木辛哥作为最高统帅部大本营代表，协调几个方面军作战行动，组织实施了许多重大战役。战后历任巴拉诺维奇军区、南乌拉尔军区和白俄罗斯军区司令，国防部总监组总监等职。两次荣膺苏联英雄称号，获列宁勋章5枚。著有《伟大的功绩》《由莫斯科向南挺进》等。

生平概述

铁木辛哥1895年2月6日生于俄国乌克兰的富尔曼卡镇。1915年，20岁的铁木辛哥应征入伍。第一次世界大战时在西方面军当列兵，参加了战斗。1917年俄国二月革命爆发后，他随部队参加了平定科尔尼洛夫反革命叛乱和卡列金之乱的作战。1918年红军成立后，他加入红军。

1919年10月，铁木辛哥任红军骑兵第1军第6师师长，率部参加了在沃罗涅什、罗斯托夫、日托米尔和迈科普等地的作战。1920年8月，铁木辛哥转任骑兵第4师师长，参加了粉碎协约国支持的弗兰格尔军队和赫诺匪帮的作战。铁木辛哥在保卫年轻的苏维埃共和国的作战中立下战功，两次荣获红旗勋章。1939年9月1日，纳粹德国闪击波兰，引发了第二次世界大战。到9月17日，德军占领了大半个波兰。前苏联为建立"东方战线"，加强国防，以保护波兰境内的乌克兰人和白俄罗斯人为由、下令进军波兰东部。基辅特别军区的两个方面军约 60 万人，在军区司令员铁木辛哥的指挥下，越过寇松线，占领了西乌克兰。

1939 年 11 月 30 日，苏芬战争爆发，苏军侵入芬兰。芬兰依托有利地形和曼纳林防线重创苏军，苏军进攻受挫。1940 年 1 月初，前苏联组建西北方面军，由铁木辛哥任司令员，准备再次进攻芬兰。2 月 11 日，铁木辛哥发起进攻，三天后突破曼纳林防线。芬兰战败，被迫求和。鉴于铁木辛哥在苏芬战争中指挥出色，战绩卓著，苏联政府特别授予他"苏联英雄"的称号。1940 年 5 月，铁木辛哥被任命为国防人民委员，不久被授予苏联元帅军衔。此时，德国入侵前苏联的危险已开始急剧增加。

铁木辛哥对德军在前苏联边境的行动极为警觉。前苏联情报部门关于大量德军向边境集结的报告和前苏联谍报人员佐尔格从日本提供的关于德军侵苏计划的报告，引起他的极大注意。他认为德军侵苏在即。1941 年 6 月 13 日，他打电话给斯大林，要求下达边境部队进入作战状态的命令，并实施掩护计划展开第一梯队。斯大林未采纳他的意见。这时德军向边境大规模集结的行动已经十分明显。经斯大林同意，铁木辛哥向各军区司令员建议，以举行兵团战术演习为名，使部队向掩护计划所规定的展开地域接近。这一建议在各军区都得到执行，但是大部分炮兵部队因在靶场进行训练而未能参加这次行动。

苏德战争爆发的前夜，1941 年 6 月 21 日晚，基辅军区参谋长普尔卡耶夫向总参谋长朱可夫报告，据一名向苏军边防部队投诚的德军司务长供称，德军正在进入进攻出发地域，将于 6 月 22 日，发动进攻前苏联的战争。朱可夫立即向铁木辛哥和斯大林报告。斯大林与铁木辛哥和朱可夫等高级将领分析了形势之后，同意立即命令边境军区边境部队，于当夜隐蔽

占领国境筑垒地区各火力点，于次日拂晓前将全部军用飞机分散到各野战机场并予以伪装，所有部队进入战备状态，城市和目标地区实行灯火管制，等等。命令在次日零时 30 分下达完毕。这时距德军入侵前苏联仅几个小时了。

1941 年 6 月 22 日拂晓，德国撕毁《苏德互不侵犯条约》，出动了包括荷兰、匈牙利和意大利军在内的 190 个师，共约 550 万人，4300 辆坦克、47200 门大饱、4980 架飞机，向前苏联西部发动大规模的进攻。7 月 9 日，德军已向前苏联腹地推进 350 至 600 公里。7 月 10 日，苏军最高统帅部改组，以斯大林为首，成员有莫洛托夫、铁木辛哥、伏罗希洛夫、布琼尼、沙波什尼科夫、朱可夫和库兹涅佐夫等人。最高统帅部决定将前线划成 3 个战区，伏罗希洛夫为西北战区司令，布琼尼为西南战区司令、铁木辛哥为西部战区司令兼西方方面军司令员。

7 月 13 日，铁木辛哥以左翼第 21 集团军发动反突击，渡过第聂伯河，夺回罗加切夫、日洛宾、并向博布鲁伊斯克挺进，袭击敌"中央"集团军群的南翼，牵制了德军 8 个师。9 月 16 日，铁木辛哥元帅发现德军对西南方面军的合围已经闭合，立即下令第 40、第 38 集团军及第 2、第 5 独立骑兵军从东而发起进攻，以求割裂德军合围正面，击退德军装甲兵团。苏军坚决执行了铁木辛哥的命令，但未能成功。与此同时，铁木辛哥再次坚决要求最高统帅部准予西南方面军全线突围，撤出基辅地区。

1943 年 3 月至 6 月铁木辛哥协调列宁格勒方面军和沃尔霍夫方面军的作战行动，6 月至 11 月协调北高加索方面军和黑海舰队的作战行动。1944 年 2 月至 6 月协调第 1 波罗的海沿岸方面军和第 2 波罗的海沿岸方面军的作战行动，1944 年 8 月至战争结束协调第 2 乌克兰方面军、第 3 乌克兰方面军和第 4 乌克兰方面军的作战行动。

在 1944 年 8 月的雅西—基什尼奥夫战役中，铁木辛哥负责协调第 2 乌克兰方面军和第 3 乌克兰方面军的作战行动。苏军有 125 万人、1.6 万门大炮和迫击炮、1870 辆坦克和自行火炮、2200 架飞机参战，在实施合围战役同时又在复杂山林战区条件下对敌防御正面实施迅猛进攻，完全击溃德国南乌克兰集团军群，消灭 22 个德国师，几乎击溃全部罗马尼亚师，导致苏德战场南翼德军防御的崩溃和摩尔达维亚的解放，迫使罗马尼亚退出轴心国集团。

战后，铁木辛哥历任巴拉诺维奇军区司令、南乌拉尔军区司令、白俄罗斯军区司令、国防部总监组总监、前苏联老战士委员会主席等职。铁木辛哥曾长期担任苏共中央委员和前苏联最高苏维埃代表。1970 年 3 月 31 日，铁木辛哥在莫斯科逝世。

参战经历

（1）乌克兰被占领

1939 年 9 月 1 日，纳粹德国闪击波兰，引发了第二次世界大战。到 9 月 17 日，德军占领了大半个波兰。前苏联为建立"东方战线"，加强国防，以保护波兰境内的乌克兰人和白俄罗斯人为由、下令进军波兰东部。基辅特别军区的两个方面军约 60 万人，在军区司令员铁木辛哥的指挥下，越过寇松线，占领了西乌克兰。

（2）苏芬战争

1939 年 11 月 30 日，苏芬战争爆发，苏军侵入芬兰。芬兰依托有利地形和曼纳林防线重创苏军，苏军进攻受挫。1940 年 1 月初，前苏联组建西北方面军，由铁木辛哥任司令员，准备再次进攻芬兰。2 月 11 日，铁木辛哥发起进攻，三天后突破曼纳林防线。芬兰战败，被迫求和。鉴于铁木辛哥在苏芬战争中指挥出色，战绩卓著，苏联政府特别授予他"苏联英雄"的称号。1940 年 5 月，铁木辛哥被任命为国防人民委员，不久被授予苏联元帅军衔。此时，德国入侵前苏联的危险已开始急剧增加。

（3）苏德战争

苏德战争爆发的前夜，1941 年 6 月 21 日晚，基辅军区参谋长普尔卡耶夫向总参谋长朱可夫报告，据一名向苏军边防部队投诚的德军司务长供称，德军正在进入进攻出发地域，将于 6 月 22 日，发动进攻前苏联的战争。朱可夫立即向铁木辛哥和斯大林报告。斯大林与铁木辛哥和朱可夫等高级将领分析了形势之后，同意立即命令边境军区边境部队，于当夜隐蔽占领国境筑垒地区各火力点，于次日拂晓前将全部军用飞机分散到各野战机场并予以伪装，所有部队进入战备状态，城市和目标地区实行灯火管制，等等。命令在次日零时 30 分下达完毕。这时距德军入侵前苏联仅几个小时了。

1941 年 6 月 22 日拂晓，德国撕毁《苏德互不侵犯条约》，出动了包括荷兰、匈牙利和意大利军在内的 190 个师，共约 550 万人，4300 辆坦克、47200 门大饱、4980 架飞机，向前苏联西部发动大规模的进攻。7 月 9 日，德军已向前苏联腹地推进 350 至 600 公里。

7 月 10 日，苏军最高统帅部改组，以斯大林为首，成员有莫洛托夫、铁木辛哥、伏罗希洛夫、布琼尼、沙波什尼科夫、朱可夫和库兹涅佐夫等人。最高统帅部决定将前线划成 3 个战区，伏罗希洛夫为西北战区司令，

布琼尼为西南战区司令、铁木辛哥为西部战区司令兼西方方面军司令员。此时德"中央"集团军群的先头部队已到达斯摩棱斯克。德军的企图是，以强大突击兵团分割铁木辛哥的西方方面军，将其主力合围于斯摩棱斯克地区，然后长驱直入莫斯科。苏最高统帅部命令铁木辛哥坚决顶住德军的进攻。德"中央"集团军群以坦克第 2、第 3 集团军，步兵第 2、第 9 集团军，共 29 个师，在强大空中力量支援下，向斯摩棱斯克地区发起猛烈进攻。铁木辛哥在第一线只有 24 个师，由于兵力武器不足，未能建立纵深梯次配置，只能在防御中建立第一线配置。西方方面军处于极为不利的地位。

德军进攻得手，于 7 月 16 日占领斯摩棱斯克，随即向南推进，切断了明斯克－莫斯科公路。苏军第 16、第 20 集团军和第 19 集团军一部共 13 个师，在斯摩棱斯克地区陷入德军合围。苏军第 13 集团军 4 个师和 1 个机械化军在莫吉廖夫被围。

（4）粉碎德军计划

1941 年 7 月 13 日，铁木辛哥以左翼第 21 集团军发动反突击，渡过第聂伯河，夺回罗加切夫、日洛宾、并向博布鲁伊斯克挺进，袭击敌"中央"集团军群的南翼，牵制了德军 8 个师。此后，苏最高统帅部从预备队中调拨出 30 个师给铁木辛哥，以对德军进行反攻。从 7 月 23 日至 25 日，苏军从别累伊→亚尔策沃→罗斯拉夫利向斯摩棱斯克进行反击。此役虽未取得全部预期战果，但支援了被围之第 16 和第 20 集团军的突围，并牵制了大量德军，严重削弱了敌人力量。到 7 月底，德军步兵损失 20%，坦克损失 50%。德军疾进莫斯科的企图被粉碎。

8 月初，希特勒将首攻莫斯科的战略目标转为首攻列宁格勒和乌克兰。德"中央"集团军群一部转而支援"北方"集团军群，另有两个集团军转

向南下，插入苏西南方面军后方，从第聂伯河东岸包抄苏军，进攻基辅。德军主攻方向转移后，苏军 3 个方面军对斯摩棱斯克及其南北两翼发动了全线反攻，但因兵力和武器不足，未能取得胜利。从 9 月 10 日开始，苏军斯摩棱斯克一线的 3 个方面军同时转入防御。持续两个月的斯摩棱斯克会战暂告一段落。此役苏军失利，但也使德军遭受严重损失，歼敌 25 万人，牵制德军达两个月之久，为苏军赢得了宝贵的时间。此时，战役重点已转移到西南战区的乌克兰。优势德军已开始在基辅地区形成对苏西南方面军的合围。西南战区司令布琼尼元帅请求斯大林准予他撤退。斯大林不准，要求死守基辅地区，并撤消了布琼尼元帅西南战区司令的职务，转令铁木辛哥元帅接任。9 月 13 日，铁木辛哥接管了全乌克兰苏军部队的指挥权。他立即发现德军已形成合围，局势已无法挽回。他派出西南方面军参谋长图皮科夫少将飞抵莫斯科，面见斯大林，坚决要求将部队撤出基辅地区。斯大林仍严令坚守基辅地区。

9 月 16 日，铁木辛哥元帅发现德军对西南方面军的合围已经闭合，立即下令第 40、第 38 集团军及第 2、第 5 独立骑兵军从东而发起进攻，以求割裂德军合围正面，击退德军装甲兵团。苏军坚决执行了铁木辛哥的命令，但未能成功。与此同时，铁木辛哥再次坚决要求最高统帅部准予西南方面军全线突围，撤出基辅地区。次日凌晨，斯大林同意苏军突围，但为时已晚，西南方面军各部已被德军分割包围。铁木辛哥集合各部不惜切代价突围、并尽其所能地组织了几次较大规模的突围行动。由于指挥系统已遭破坏，难以集中大量兵力，几次突围均未成功。但是仍有 15 万官兵突出德军重围。基辅会战，苏西南方面军几乎全军覆没，损失 52 万人，但为保卫莫斯科赢得了宝贵的时间。基辅会战结束后，西南战区司令铁木辛哥立即重新组建了西南方面军司令部，自己兼任方面军司令员，同时迅速重建了西南方面军。这时西南战区的战事集中在顿巴斯地区。为加强铁木辛哥的力量，最高统帅部将南方方面军交由他指挥。

（5）完全击溃德军

在 1944 年 8 月的雅西—基什尼奥夫战役中，铁木辛哥负责协调第 2 乌克兰方面军和第 3 乌克兰方面军的作战行动。苏军有 125 万人、1.6 万门大炮和迫击炮、1870 辆坦克和自行火炮、2200 架飞机参战，在实施合围战役同时又在复杂山林战区条件下对敌防御正面实施迅猛进攻，完全击溃德国南乌克兰集团军群，消灭 22 个德国师，几乎击溃全部罗马尼亚师，导致苏德战场南翼德军防御的崩溃和摩尔达维亚的解放，迫使罗马尼亚退出轴心国集团。

后世评价

（1）朱可夫对铁木辛哥的评价

前苏联名将朱可夫认为，许多文章对铁木辛哥的评价是不公正的。他特别指出："甚至有的文章指责铁木辛哥在斯大林面前没有骨气，阿谀奉承。这种说法不符合实际。铁木辛哥是位资历颇深，意志坚强的军事家。无论是在战术方面还是在战役方面，他都具有很丰富的经验。在担任国防人民委员期间，他的作用胜过伏罗希洛夫。在很短的时间内就改变了西南方面军部队和西北方面军的面貌。杰米扬斯克战役之后，他再也没有机会在决定性的战役方向领导方面军作战了。虽然，他的领导才能比许多方面

军司令员强很多倍，但是，由于斯大林对他在哈尔科夫的失败耿耿于怀，这就使他失去了战争中显露自己才能的机会。铁木辛哥性格十分坚强，他从未对斯大林阿谀奉承过。如果他是这样的人的话，他不会落到今天这个地步。"

（2）罗科索夫斯基对铁木辛哥的评价

罗科索夫斯基元帅在其回忆录中这样提到过铁木辛哥"1940年春天，我携家眷前往索契，之后应邀前往国防人民委员铁木辛哥处，受到了他的热情和诚恳的接待。我不由地想起了30年代初。当时，铁木辛哥指挥骑兵第3军，我在他手下担任以英国无产者命名的萨马拉骑兵师师长。军长深受我们全体骑兵军人的尊敬和爱戴。他尽管身居人民委员要职，却依然待人朴实，平易近人。"

从两位元帅的叙述来看，铁木辛哥是一位德高望重，资历颇深，拥有丰富指挥经验，突出指挥才能的军事统帅，同时也是一个为人平易敬人的领导。位列骑兵三元帅，与伏罗希洛夫、布琼尼齐名的铁木辛哥，其年龄只比朱可夫、罗科索夫斯基大一岁，不管是从年龄，还是从作战思想来看，都不能把铁木辛哥归为过时落后的"老元帅"。

◎ 威灵顿

第一威灵顿公爵（1769—1852年），别名铁公爵，拿破仑战争时期的英军将领，第21位英国首相。最初于印度军中发迹，西班牙半岛战争（1808—1814年）时期建立战功，并在打败拿破仑的滑铁卢战役（1815年）中分享胜利。最终更成为了英国陆军元帅，并获得法国、沙俄、普鲁士、西班牙、葡萄牙和荷兰6国授予元帅军衔，是世界历史上唯一获得7国元帅军衔者。

威灵顿公爵

生平简介

威灵顿公爵第一，十九世纪初期著名的军事统帅，人称世界征服者的征服者。2002年，BBC举行了一个名为"最伟大的100名英国人"的调

查，结果威灵顿位列第 15 位。他出生于爱尔兰一个显贵的新教徒大地主家庭。在 1787 年，他成为了不列颠陆军的一名少尉。他在爱尔兰作为两位爱尔兰总督的侍从官服役，他也被选为爱尔兰下议院议员。在 1796 年他成为上尉，并在荷兰和之后的印度参加战斗。在印度他参加了第四次英迈战争中的斯里伦格伯特纳之战。之后他被升为斯里伦格伯特纳和迈索尔地方长官。他在拿破仑战争中的半岛战争中升为上将，以少胜多击败了拿破仑的 6 个元帅，并在指挥联军在 1813 年维多利亚之战中击败法军、取得胜利后被授予陆军元帅军衔。1814 年拿破仑退位之后，他成为英国驻法大使并被授予公爵爵位。在 1815 年拿破仑的百日王朝期间，他在滑铁卢之战中决定性地击败了拿破仑指挥下的法军。

威灵顿公爵是议会改革的坚决反对者。由于他在他住所的窗子上装上铁制的百叶窗来保护窗子不被支持改革的"暴民"打碎，他得到了"铁公爵"的绰号。他以托利党党员身份担任了两届联合王国首相并主持通过了 1829 年的天主教解放法案。他一直担任首相职务一直到 1830 年，并在 1834 年再次短暂地成为首相。虽然他无法阻止 1832 年改革法案的通过，直到他退休他仍是贵族院里的领导人物之一。到他去世时他仍是英国陆军的总指挥官。

战场英雄

（1）印度扬名

他在印度采取一种节制饮食和乐天知命的养生之道。由于长兄理查德·韦尔斯利前来当总督，他得以发挥自己的才能。1799 年，英国发动对南印度迈索尔王国的第四次殖民战争。他指挥一个师去进攻迈索尔的蒂普苏丹，因强弱悬殊，蒂普苏丹被迫退守都城色林卡帕坦。威灵顿陈兵城外，层层包围。5 月 4 日，威灵顿军队用大炮轰开城墙，冲进城内，将该城洗劫一空，蒂普苏丹阵亡。从此，迈索尔便处于英国的管辖之下，而威灵顿则成为这个地区的军事长官。1803 年，中印度马拉塔联盟各国发生内讧，英国乘机发动对马拉塔的第二次侵略战争。威灵顿转战南北，连连胜利，特别是 1803 年 9 月在阿萨耶战役，他率领 7000 人强袭 4 万人的迈索尔军队（由法国人训练，装备 100 门大炮和骑兵），在战死了两匹坐骑和损失了 1/4 的士兵后，他获得了生平第一场决定性胜利。接着又于 11 月在阿尔干战役中击败邦斯勒的军队，迫使战败国缔结德奥冈条约，承认英国对古塔克和巴拉索尔地区以及瓦德河以西的领土的所有权，从而确立了英国对印度的殖民统治。他认为这次战役对他个人来讲比滑铁卢战役更辉煌。他日后在欧洲各战场上所显示出来的一切取胜的特质都是在印度培养出来的，包括：能决断、有常识、注意细节；爱护士兵、注意给养；与老百姓保持良好关系。后来拿破仑笔下只把他说成是一个"印度士兵将军"，

那是不智的。1805 年威灵顿封爵士后返回英格兰，被提升为少将，任爱尔兰事务大臣。

威灵顿的新差事是令人失望的：他率驻哈斯丁斯的一个旅远征汉诺威，以失败而告终。但他这时已经是公认的大人物了。1806 年，当年拒绝他的凯瑟琳小姐的家人来向他提婚，他被告知有一个女孩十多年一直在等他，爱尔兰的贵族太太们之间都疯传着关于他们爱情神话，他不能拒绝这个神话，他答应了婚约，只是低低的埋怨了一句"她变丑了"。当年小副官心中高不可攀美丽的女神 13 年后已经变成一个发胖的老姑娘了。同年进入国会以驳斥激进派对其兄在印度政绩的攻击。他以托利党首席秘书的身份在爱尔兰停留两年。在为期很短的对哥本哈根的军事远征（1807 年）中，打败丹麦军队。1808 年葡萄牙人起来反对拿破仑时，威灵顿奉命前去支持。

（2）半岛称雄

威灵顿不打算"战争还未开打就输掉一半"——这是拿破仑的霸权对欧洲大陆各国军队的通常效果。他希望以"稳如磐石的军队"阻挡住法军的攻击。他所统率的英国步兵"浅红队列"在维米耶罗确实击败了号称"风暴"的让·安多歇·朱诺将军的纵队（8 月 21 日），这是拿破仑的战术体系第一次完败。但前来的两名英国高级爵士不准乘胜追击，因为他们愿意签订不得人心的《辛特拉条约》，这样一来，朱诺的军队便得以安然回国。由于群情激昂，威灵顿和他的几个同僚被送上军事法庭。虽然被判无罪，威灵顿还是返回爱尔兰任首席秘书。但是，在他的继任者约翰·穆尔爵士阵亡，英军从西班牙撤退之后，他认为仍能守住葡萄牙，1809 年要求政府让他带兵重新开战，这是对欧洲极为重要的一个决定。他在军队中的地位由于他的哥哥理查德·韦尔斯利出任外交大臣而得到加强。他在里斯本登陆，奇袭苏尔特元帅，攻占波尔图，以伤亡23人的代价击破2.3万敌军，一路穷追把法军赶回西班牙。为此他英、西联军虽然在塔拉韦拉获胜（7月27—28日），而围攻马德里却因为他不愿损耗兵力而失败了。尽管由于发动攻势而受封威灵顿子爵的头衔，此时，鉴于拿破仑在奥地利取得胜利，威灵顿预感到拿破仑可能掉转头来全力对付自己，带领他的部队退回葡萄牙基地，撤退途中于1810年9月27日在布萨科击败马塞纳元帅。5万英葡联军击退6万5法军，仅1千2伤亡（英葡各626），而法军损失5千，含5位将军。安然退入他曾秘密构筑横跨里斯本半岛的著名"托里什韦德拉什防线"。这个陷阱本来是准备用来对付拿破仑的，但现在猎物变成了马塞纳的军队。马塞纳撤出葡萄牙（1811年春，伤亡2.5万）和德欧尼奥罗败北（5月3—5日）成功地说明威灵顿的防守焦土政策是正确的，也使部下对他的信赖更加坚定。他的士兵管他叫"大鼻子"，他的军官管他叫"花花公子"。所以给他起这样的绰号是因为他有175公分的修长身材，喜爱穿剪裁十分合体的便服；有棕色波浪式头发，眼睛又亮又蓝。他那一步一步壮大起来的军队直到1812年才有足够的力量攻占西班牙要塞罗德里戈城和巴达霍斯。这样就守住了进出西班牙的两扇大门，造成随时威胁马德里法军补给线的态势。7月22日在萨拉曼卡以少击众击败马尔蒙元帅40000名法军仅用40分钟之后，他进入马德里（8月12日）。由于围攻布尔戈斯未成，他的军队再次撤回葡萄牙；1813年5月从这里出发，最后一次向西班牙进军。他率兵急速横跨半岛千里之后，在维多利亚盆地把约瑟夫·波拿巴国王率领的5万法军逼入绝境，击溃他们，并缴获他们的全部辎重（6月21日，120门大炮被缴获119门）。造成法军在西班牙的统治全面崩溃。对于胜利者来说，这种光辉灿烂的战利品实在太多了，连儒尔当的镶金元帅杖也被英军缴获，他们竟容许法军逃进庇里牛斯

山脉，当时威灵顿公开斥责他那醉酒的部队像"粪土一样"。维多利亚大捷鼓舞欧洲反拿破仑联盟，为此乐圣贝多芬专为此战谱写了《威灵顿的胜利》交响曲来庆祝。旱季来临时威灵顿在盟军中第一个攻入法国本土，击破苏尔特元帅的顽强防御，跨过一道道河上防线，直至 1814 年 4 月 10 日攻入图卢兹才完美的结束半岛战争（4 天前拿破仑已经退位）。当时他已经是侯爵和陆军元帅，这回又封公爵，由国家赐给 50 万英镑，后来又赐给他汉普夏的斯特拉特费尔德·萨耶，以保持他的地位。他进入上院的头衔有男爵、子爵、伯爵，侯爵和公爵，还荣膺嘉德骑士的称号。

（3）征服王者

拿破仑流放厄尔巴岛时威灵顿被任命为驻复辟的波旁王朝路易十八世宫廷的大使。1815 年 2 月他代替外交大臣卡斯尔雷子爵出席维也纳会议，但代表们还未能结束调停争端的工作，拿破仑便已从海岛逃走，3 月 1 日登陆法国，开始他的百日统治。6 月 16 日，拿破仑以 5 万余兵力牵制英军，主力近 7 万人在林尼击败了布吕歇尔军队。随后，拿破仑命令格鲁希军团尾追布吕歇尔军队，自己率领主力转攻威灵顿军队。威灵顿以 6.7 万人对拿破仑的 7.3 万人。他手下的半岛老兵只有不到 1/3，其余全是雇佣军。18 日午后，法军在重炮掩护下连续向英军两翼阵地发起进攻，遭到英军顽强抵抗。下午三时半，因未攻破两翼阵地，拿破仑转而向英军的中央阵地发起猛攻，并配以万余骑兵加入冲击就是这样，他还是稳稳的守住了阵地。

那一天威灵顿骑着坐骑，待在战场的制高点——圣约翰山高地的一株大树下，整整一天都保持着同一个位置，即使他身边的副官被当场击毙。当炮弹不时地在离他不远处爆炸时，他的部将罗兰德·希尔担忧地问道："将军，如果你遭遇不测怎么办？"他的回答只有一句："像我一样去做。"

当看到法军龙骑兵肆意屠戮着他的步兵时，他仍然可以面不改色的由衷称赞他的敌人："十分出色！"，而不把他的预备队拉出来。傍晚，布吕歇尔率部即将赶到。拿破仑急切盼望格鲁希兵团来援，但杳无音讯，不得不孤注一掷，将剩下的预备队老近卫军投入战斗，向英军发起最后攻击。威灵顿已准备完毕，他为也许过于自信的法国近卫军准备了一场大规模的伏击，紧接着将是会让法军感到极为意外的反攻和像以往一样坚韧而守纪的英军步兵的交叉火力。战无不胜的拿破仑近卫军崩溃了，这一事件在拿破仑战争中是不可思议的，而这瞬间引发了法军其他部队的恐慌。威灵顿一跃而起，也投入了他的最后一只军队，苏格兰高地骑兵转入反攻。法军没料到英军还有余力，顿时阵脚大乱，溃不成军，伤亡3万，被俘7千。威灵顿以及普鲁士陆军元帅布吕歇尔6月18日在滑铁卢的胜利使"公爵"成为欧洲最著名的——即使不是最喜气洋洋的——英雄。"我向上帝祈祷，希望我今后不再打仗。"他为阵亡将士一边流泪一边说："老打仗是一件很坏的事情。"他的希望实现了。作为驻法占领军总司令，他反对签订惩罚性的和约，拒绝格布哈德·冯·布吕歇尔提出的枪杀拿破仑和焚烧巴黎的建议。他组织贷款以解救法国的财政，并提出在3年后撤出占领军。这几项政策使他赢得和会的感激，1818年带着6个外国授予的司令杖（陆军元帅的标志）回国。他在世界军事史上的地位大约和击败战略之父汉尼拔的罗马名将大西庇阿相当。

◎ 格列奇科

格列奇科（1903—1976 年），前苏联军事活动家，生于罗斯托夫州一个农民家庭。1919 年参加布琼尼的骑兵，1928 年加入共产党，1938 年任骑兵师参谋长。格列奇科毕业于伏龙芝军事学院和总参军事学院。卫国战争期间，任师长、军长和集团军司令，参加指挥过解放高加索、乌克兰等战役。战后曾任基辅军区司令员。1953 年任驻德苏军总司令。1957—1960 年任国防部第一副部长兼陆军总司令。曾任华沙条约组织联合武装力量总司令。1967—1976 年任国防部长。

格列奇科

先后当选为苏共中央候补委员、中央委员、政治局委员。1976 年病逝。曾获前苏联元帅军衔。

军旅生涯

卫国战争初期，格列奇科在总参谋部工作。1941 年 7 月，根据本人请求调往西南方面军，任独立骑兵第 34 师师长。该师在普里卢基市地区组建后，于 8 月上半月在基辅以南投入同德军的战斗，至 1942 年 1 月先后在第 26、第 38 和第 6 集团军编成内，参加了第聂伯河左岸乌克兰地区的作战。1942 年 1 月 18 日任骑兵第 5 军军长，参加了巴尔文科沃—洛佐瓦亚战役，粉碎了巴尔文科沃守敌，缴获了大批战利品，其中包括汽车 261 辆、军用物资 160 车皮。1942 年 3 月 12 日起任战役军队集群司令，在南方面军编成内同顿巴斯地区的优势之敌进行顽强作战。

1942 年 4 月 15 日起，格列奇科任第 12 集团军司令，担负伏罗希洛夫格勒方向的防御任务，后该集团军积极参加了哈尔科夫战役。南方战线总崩溃后，1942 年 9 月他任第 47 集团军司令，参加高加索会战，该集团军且战且退，迟滞了敌军通过新罗西斯克沿黑海沿岸向外高加索的推进，使敌人未能很快据有新罗西斯克港口。1942 年 10 月 19 日格列奇科调任第 18 集团军司令，该集团军遏止了敌人的进攻，并于 11 月以部分兵力成功地实施了歼灭企图翻越高加索主山脉的敌塞马施集团的战役。

1943 年 1 月外高加索方面军转入总攻后，1 月 5 日起格列奇科任第 56 集团军司令，指挥该集团军在黑海军队集群地带内担任主要突击，经过激

烈战斗，突破敌军坚固防御，前出至克拉斯诺达尔接近地。2—4月，第56集团军在北高加索方面军编成内，参加克拉斯诺达尔战役。9月，第56集团军在新罗西斯克—塔曼战役中，同第9集团军和第18集团军协同，解放了塔曼半岛。粉碎库班河流域的德国法西斯军队之后，10月16日被任命为沃罗涅日方面军（10月20日改为乌克兰第1方面军）副司令，参加解放乌克兰首都基辅的作战。

1943年12月15日格列奇科调任近卫第1集团军司令，任此职直至战争结束。12月24日，该集团军编入方面军主要军队集团，转入进攻，解放了日托米尔，并在日托米尔—别尔季切夫战役中向前推进了180公里。尔后，近卫第1集团军参加了1944年普罗斯库罗夫—切尔诺维策战役，在卡缅涅茨—波多利斯克市地域合围了敌坦克第1集团军。但德国这个坦克集团军却出人意料的抛弃了所有重装备翻山逃掉了。1944年近卫第1集团军在利沃夫—桑多梅日战役中，连战皆捷，和兄弟部队一起摧毁了德国北乌克兰集团军群。1944年8月5日，该集团军编入乌克兰第4方面军。1944年9—11月，格列奇科参加东喀尔巴阡战役，同基里尔·谢苗诺维奇·莫斯卡连科的第38集团军和第18集团军一起越过东喀尔巴阡山脉，从德军手中全部解放了乌克兰外喀尔巴阡地区，并进抵捷克斯洛伐克境内。1945年1月，在西喀尔巴阡战役中，近卫第1集团军从北面绕过塔特拉山，通过波兰南部地区向捷克斯洛伐克的摩拉瓦—俄斯特拉发工业区突进。在俄斯特拉发战役中，突破敌军坚固的防御地区，于4月30日同第38集团军一道解放了大工业中心摩拉瓦—俄斯特拉发市。继而从捷克斯洛伐克东部边境一直打到布拉格，于1945年5月又参加了粉碎德军的布拉格战役。

卫国战争时期，格列奇科指挥历次战役，一向作战意图大胆，且为实施其意图坚定不移。

1945—1953 年，格列奇科任基辅军区司令，1953 年任苏军驻德军队集群总司令，1957 年 11 月任苏联国防部第一副部长、陆军总司令，1960 年任苏联国防部第一副部长兼华沙条约缔约国联合武装部队总司令。因为和勃列日涅夫在战争时期结下的友谊（他当集团军司令的时候，勃列日涅夫是政治部主任），1967 年 4 月接替马利诺夫斯基任苏联国防部部长。在中苏边界武装冲突中，当他得知阿穆尔河边防支队被中国人伏击，死伤数十人的消息后，破口大骂，极力主张对中国进行所谓的"外科手术式核打击"，摧毁罗布泊的核基地。甚至曾经一度说服总书记勃列日涅夫。若非以苏斯洛夫和柯西金为首的主和派力阻，并为和平到北京去会见中国领导人的话，中苏两国就打起来了。从这里也可以说明，格列奇科是一个反华分子。任此职期间，为进一步加强前苏联防御能力做了大量工作。多次当选为党的代表大会代表。1952—1961 年为苏共中央候补委员，1961 年起为苏共中央委员，1973 年 4 月起为中央政治局委员。前苏联第二届和第四—九届最高苏维埃代表。他特别重视军事科学工作，曾任多卷本《第二次世界大战史（1939—1945 年)》和《苏联军事百科全书》总编委员会主任委员。

所获荣誉

格列奇科两次评为苏联英雄（1958 年和 1973 年）、捷克斯洛伐克社会

主义共和国英雄（1969 年）。获列宁勋章 6 枚，红旗勋章 3 枚，一级苏沃洛夫勋章 2 枚，一级库图佐夫勋章 2 枚，一级波格丹·赫梅利尼茨基勋章 2 枚，二级苏沃洛夫勋章 1 枚，奖章及外国勋章多枚，荣誉武器 1 件。其葬于红场克里姆林宫墙下，海军学院以其名字命名。